Der Mama Styleguide

Janine Dudenhöffer | Jules Villbrandt

Der Mama Styleguide

MODE-, WOHN- UND LEBENSSTIL
MIT KIND

KNESEBECK

Nichts ändert sich – und doch wird alles anders!

Das mit dem Mama-Sein ist so eine Sache: Bei manchen ändert es alles, bei anderen nur wenig. Was jedoch auf die meisten Frauen zutrifft: Es gibt Dinge, die man vor der Geburt einfach nicht wusste und sich in den kühnsten Träumen nicht ausmalen konnte. Hier sind zehn davon:

1. DIE MAMA VON ...

Ein Mini-Menschlein ist ein attraktives Ding und oft so anziehend, dass die Existenz der Mutter in den Hintergrund tritt. In Anwesenheit der Kleinen müssen sich Mütter daran gewöhnen, dass sie erst an zweiter Stelle begrüßt werden. Oder sie gehen gänzlich namenlos als »Mama von...« durchs Leben. Egal, der Stolz auf das kleine Ich lässt einen selbst Anonymität mit Fassung ertragen.

2. SCHLAFENTZUG IST EINE FOLTERMETHODE

Konstanter Schlafentzug führt nicht nur zu körperlichen Beschwerden (beispielsweise erhöhte Anfälligkeit für Infekte oder Kopfschmerzen), er unterbindet vor allem klares Denken, macht die Betroffenen reizbarer und lähmt ihre Widerstandskraft. Nicht umsonst werden seit jeher durch Schlafentzug Aussagen von Verdächtigen in Verhören manipuliert.

Um zu verdeutlichen, was Schlafentzug für stillende Mütter bedeutet, hier ein kleines Rechenexempel: Frischgebackene Mütter stillen ihr Baby im Schnitt 7 bis 12 Mal innerhalb von 24 Stunden. Das bedeutet, die Abstände zwischen den »Mahlzeiten« betragen auch nachts 2 bis 3,5 Stunden. Wie soll Mama da in erholsamen Tiefschlaf fallen?

Der Volksmund rät: Schlafen, wenn das Baby schläft. Funktioniert aber nur bedingt. Viele Mütter nutzen die Schlafphasen des Babys für Arbeiten im Haushalt, für den Job oder sich selbst. Deshalb: Selbst der gemeine Panda-Bär hat kleinere Augenringe als frischgebackene Eltern. Mit ein bisschen Glück schläft der neue Mensch bald durch – im Elternbett, bis 6 Uhr 30. Ausschlafen bedeutet, erst um 7 Uhr geweckt zu werden. Knirsch! Aber hey, immerhin muss man erstmal keinen Wecker mehr stellen, und nach ein paar Monaten wird man vom schönsten Schrei der Welt aus den Träumen gerissen: »Mamaaa!«

3. STILLDEMENZ HAT NICHTS MIT STILLEN ZU TUN

Zur Beruhigung gleich vorweg: Nein, ihr verblödet nicht dauerhaft, nur weil ihr euch intensiv um euer Neugeborenes kümmert. Es ist zwar wissenschaftlich belegt, dass die Gedächtnisleistung von Frauen kurz nach der Geburt der einer 60-Jährigen entspricht, das hat aber nichts mit dem Stillen zu tun. Auch Fläschchen-Mamas und sogar Väter vergessen ständig Dinge, lassen Sachen liegen oder suchen unentwegt irgendetwas. Die Ursache dieser Schusseligkeit ist also nicht das Stillen, es sind Stress und

Schlafmangel (da ist er wieder) während der ersten Baby-Monate, die uns kopflos machen. Bei vielen Frauen setzt dieser Blackout bereits in der Schwangerschaft ein. Mitverantwortlich: der veränderte Hormonspiegel. Er sorgt dafür, dass der Körper sich optimal auf die Geburt vorbereitet. Da kann es schon mal sein, dass belanglose Informationen das Nachsehen haben.

Wichtig zu wissen: Es ist okay und völlig normal, erschöpft oder frustriert zu sein. Aber in solchen Momenten muss man Hilfe annehmen können und manche Dinge einfach sein lassen. Ein Trost: Dieser Zustand ist endlich … Spätestens wenn das Kind gut schläft, sollte das Hirn wieder wie vor der Schwangerschaft arbeiten.

4. INKONTINENZ IST KEINE REINE ALTERSERSCHEINUNG

Eine Geburt verändert sehr viel – auch den eigenen Körper: die Haare, die Haut und den Hormonhaushalt. Oft haben Frauen nach der Geburt auch ein Problem mit dem Pipi-Halten. Kein Wunder, schließlich ist die Beckenbodenmuskulatur zunächst ausgeleiert wie ein alter Haargummi. Wenn sich Bauchdecke und Gebärmutter endlich rückgebildet haben, die Beckenbodenmuskulatur stabilisiert ist und alle Hormone bei Mama wieder wie vorher ausgeschüttet werden, lernen die Babys bereits Laufen. Was hilft: Regelmäßig trainieren! Ob bei der Rückbildungsgymnastik, beim Pilates, beim Stillen, an roten Ampeln oder wo auch immer Gelegenheit dazu ist: Stellt euch vor, ihr müsstet einen Reißverschluss begonnen am Po bis nach vorn zum Bauchnabel zuziehen … halten … halten … halten … Atmen nicht vergessen … Reißverschluss wieder aufziehen und nochmal von vorn.

Diese Übung sollten übrigens alle Frauen machen, denn wer den Beckenboden nicht ordentlich trainiert, hat spätestens in den Wechseljahren ein Problem mit der Inkontinenz. Not nice. Schließlich müssen Mütter schon genug Pipifaxen ertragen.

Um bei dieser Gelegenheit jedoch mit einem schaurigen Ammenmärchen aufzuräumen: Die Form der Brust verändert sich nicht durchs Stillen! Ursache hierfür sind Schwangerschaft und Alterung. Wer also eine Verformung seiner Brust vermeiden möchte, sollte frühzeitig ableben und Schwangerschaften meiden.

5. INSTINKT SCHLÄGT LEHRBUCH

Ratgeber verkaufen sich wie geschnitten Brot, dabei darf man sich als Mutter durchaus auf seine Instinkte verlassen. Einem kleinen Menschen das Leben geschenkt zu haben, macht einen stärker als je zuvor – zumindest haben Mamas das Recht, sich so zu fühlen. Schlauerweise schickt Mutter Natur noch ein paar Extrahormone, um das Selbstbewusstsein zu unterstützen, und die können Frauen im Gefühlskarussell und im Umgang mit den kleinen Dickköpfen wirklich sehr gut gebrauchen.

6. DAS VERMALEDEITE MULTITASKING

Es gibt Menschen, die sind stolz darauf, verschiedene Tätigkeiten gleichzeitig ausführen zu können. Andere kommen gar nicht darum herum, sie MÜSSEN gleichzeitig bezahlen, auf den Verkehr achten oder Gesprächen folgen, während quietschfidele Quatschköpfe um sie herumwirbeln. Als Mutter lernt man schnell, Gespräche »blind« zu führen, das heißt, Zwischentöne zu erkennen, auch ohne dem anderen dabei in die Augen zu schauen. Nur das Gegenüber braucht manchmal noch eine gewisse Gewöhnungsphase. Verständlich, wenn man sich mit dem Profil oder Hinterkopf seines Gesprächspartners zufriedengeben muss und der das Gespräch außerdem noch durch ständige »Nein«-Rufe unterbricht.

7. »WUT, WUT, FREUDE, LIEBE, WUT, LIEBE«, ODER DIE AMBIVALENZ DER GEFÜHLE

Bei der verbalen Kommunikation mit dem Baby gewinnt ein Wort an Relevanz, dessen Wiederholung für den kinderlosen Menschen die höchste Steigerung der Negation bedeutet: »Nein. Neiin. NEIN!« Beim Kind hat das lediglich zur Folge, dass es langsam denkt, »Nein« wäre sein Vorname. Eine wirkliche Hilfe ist die stän-dige Wiederholung nicht. Nein. Die meisten Kinder reagieren mit großen Kulleraugen, breitem Grinsen und tun – »grrrr« – genau das, was Mama nicht will. Wie schafft man es, ruhig zu bleiben, wenn das Kind einem auf der Nase herumtanzt, mit den Stiften alles, nur nicht das Papier bemalt oder die Teller mit dem Essen vom Tisch schleudert, als wären es Frisbee-Scheiben? Das ist nicht leicht, aber das hat auch niemand behauptet. Punktum: Eltern sollten ihren Ärger kommunizieren und dem Kind verständlich machen, warum manche Dinge nicht erlaubt sind. Stichwort: Begründungen. Spätestens wenn die Kinder dann verunsichert oder mitleidig dreinschauen und etwas unerwartet Wundervolles tun, empfindet man eine Liebe, wie man sie selbst aus der Partnerschaft nicht kennt. Viele Eltern meinen sogar, ihr Kind mehr zu lieben als sich selbst …

8. MEHR VERSTÄNDNIS FÜR MÜTTER

Damit sind wir beim A und O – oder besser T und V – einer jeden Beziehung angelangt: Toleranz und Verständnis. Denn es ist völlig in Ordnung, wenn Mütter zu spät kommen, viel oder gar nicht arbeiten, ekstatisch einfach nur für sich selbst shoppen, laute Musik hören oder mal ein »Weinchen« trinken und ein »Zigarettchen« inhalieren.

Schließlich hat man sein altes Leben nicht vor dem Eintritt in den Kreißaal abgegeben. Die äußeren Bedingungen sind andere geworden, aber es muss auch erlaubt sein, die einfach mal zu vergessen. Perfekte, weil verständnisvolle Gefährten sind meist die Menschen, mit denen man auch schon vor der Schwangerschaft befreundet war. Wenn diese Freunde dann auch Kinder haben, ist alles – na ja, Kinderspiel wäre übertrieben, aber zumindest – leichter. Manche Freunde sind so gut und teilen nicht nur nützlichen Babybedarf, sondern auch ihre liebevoll erstellte »Gebrauchsanweisung« fürs Kind mit einem. Beiliegen tut so ein Zettel dem kleinen Menschlein nämlich leider nicht! Wozu auch, die eigene Mutter kann einem alles Wissenswerte ja mitteilen, zumindest war dies in früheren Generationen gang und gäbe. Allerdings ertappt man sich ständig dabei, dass man Dinge intuitiv genauso macht, wie man sie aus der eigenen Kindheit kennt – ob man das nun so vorhatte oder nicht. Muttersein ist eben eine stete Reflexion der eigenen Eltern-Kind-Beziehung.

9. KINDER MACHEN KREATIV

Tu, was du kannst, mit dem, was du hast, wo auch immer du gerade bist! Diese Maxime verdeutlicht, wie unglaublich einfallsreich man im Alltag mit Kindern sein muss. Zum Glück genügt oft ein kurzer Moment der Überlegung, dann rufen einem Herz und Hirn automatisch Lösungen zu. Am Sonntag keine Windeln mehr zur Hand? Bei den Nachbarn klingeln oder einen Facebook-Aufruf starten! Alleine mit dem schlafenden Baby unterwegs und dringend zur Toilette müssen? Den Kellner bitten, kurz den Buggy zu bewachen!! In die Schuhe kommen, wenn der Tragebeutel samt Baby schon am Bauch baumelt? Schlappen anziehen!!! Von mir aus mit Socken. Wenn Mama aus der Not eine Tugend macht, liegt die Betonung auf »Tu«!

Richtig schwierig wird es in der Trotzphase. Wenn sich das Kleinkind auf dem Weg zur Kita ausgiebig mit Autoschildern und Unkraut am Wegesrand beschäftigt oder sich immer wieder auf den Boden wirft, bleiben einem nur ein gelassenes Lächeln und ein gutes Zeitmanagement. Was Zeit kostet, kann jedoch Ideen bringen. Denn Kinder sind sprudelnde Inspirationsquellen. Ihrem ganzen Handeln ruht eine Unbedarftheit inne, die (noch) nicht buckelig vor lauter Normen und Regeln ist. Klar, warum nicht mit dem Sandkastenequipment in der Badewanne plantschen, mit dem Joghurt Bilder malen oder auf dem Trinkhalm Flöte spielen? So viel Fantasie steckt an – sofern Eltern die Muße haben, sich anstecken zu lassen.

10. KRISE? WELCHE KRISE?!?

Fakt ist: Während der ersten drei Jahre mit Kind sind schon die innigsten Beziehungen zerbrochen. Schlafmangel (er ist allgegenwärtig), Familienbett, Doppelbelastung, Erziehungsfragen, kaum Zeit für sich selbst – geschweige denn für den Partner –, ergo: kaum Sex. Diese Faktoren machen das Leben als Paar nicht gerade einfacher. Solange man ohne Kind ist, läuft die Beziehung meist von ganz allein. Wenn das Kind da ist, steht es plötzlich im Zentrum der Aufmerksamkeit. Im Alltag bedeutet dies: Eine(r) muss zurückstecken. Entweder komplett – das bedeutet, der andere übernimmt die volle Verantwortung – oder im Wechsel mit dem Partner.

(Das statistische Bundesamt weiß: 70 Prozent der berufstätigen Mütter mit Kindern unter drei Jahren arbeiten in Teilzeit, bei den Vätern mit Kindern in dieser Altersgruppe sind es lediglich sechs Prozent.) Die Wurzel des Übels liegt oft darin, dass jeder Partner seinen Part als den anstrengenderen empfindet. Was hilft: Alltags-Atempausen zusammen mit dem Partner einlegen und dann mal bewusst NICHT über den Nachwuchs sprechen.

FAMILIENGLÜCK IST EINE WUNDERTÜTE, DIESES BUCH WIRFT EINEN BLICK HINEIN.

Teil 1

Mama Momente

Es gibt ihn nicht, den richtigen Zeitpunkt für Kinder. Aber wenn es (oder sie) dann mal da ist (oder sind), gibt es unendlich viele Momente, die sich richtig anfühlen. Dabei ist die viel besungene Geburt eine vergleichsweise kleine Leistung. Die Kunst besteht darin, zu akzeptieren, dass Kinder das komplette Leben umkrempeln, und darin, die kleinen Veränderer bis ins Erwachsenenalter zu begleiten.

Ästhetin 24/7

SASKIA HILGENBERG (36) mit **CHRISTIAN FREDE** (36), **LEO** (6), **AUGUST** (3) und **PAUL** (3) I BERLIN WILMERSDORF

Bei allem Sinn für Schönes, es geht nur mit Sicherheit: Der Kopfschutz der Jungs ist von Melon Helmets.

Es gibt Tage, da möchte sich Saskia Hilgenberg am liebsten unter dem Wäschehaufen verkriechen, den ihre Jungs täglich hinterlassen. Oder hinter den Geschirrbergen verstecken. Als »Sisyphusarbeit« bezeichnet die 36-Jährige das Aufräumen in einem Vier-Männer-Haushalt. Und dennoch findet sie immer einen Weg aus dem Wirrwarr zu sich selbst. Die wenigen Momente der Zerstreuung nutzt sie für sich: Saskia lebt Trends! Ob Boho-Bag oder Fanny-Pack (Bauchtasche), Maxi-Mantel oder Mules – die Dreifach-Mama schafft es immer wieder, als eine der Ersten in den Besitz des letzten Schreis zu kommen. Ihr Outfit verleiht ihr Energie für den Tag. Das hat sich auch nach der Geburt ihrer Söhne nicht geändert.

Die gebürtige Berlinerin hat ein Faible für Jacken und Mäntel – das war schon immer so: »Eine tolle Jacke mit coolen Details berührt mich nicht nur auf der Haut.« Sie fungieren wie ein imaginärer Schutzschild in der rauen urbanen Welt und helfen ihr, die emotionale Wucht abzufangen, die drei Jungs – darunter zweieiige Zwillinge – mit sich bringen. Textile Streicheleinheiten bieten Hosen, die bequem und anders sind: »Meist nicht einfach nur Jeans.« Und Seide, auch wenn die, weil superempfindlich, nicht mehr täglich zum Einsatz kommt. Dafür hat Saskia jetzt einen Fitness-Anspruch an ihre Kleidung: »Ich muss darin maximal beweglich sein und mit den Jungs Schritt halten können.« Ein Händchen fürs Kombinieren und Neu-Interpretieren ihres

In einem Blazer mit Karpfenprint (Valentine Gauthier) lässt es sich schlecht abtauchen, dafür aber auffallend gut herumtoben.

»Fundus« hat sie, und dennoch gibt es e n Teil, das der Dreifach-Mama nicht in die Tüte kommt: ein bauchfreies Top. »Manche Dinge stehen einfach anderen besser.« Die Frau mit dem Blick für Details muss es wissen. Sie berät jede Woche zahlreiche Kunden in Sachen Stil auf der Modeplattform »zalon.de«. Darüber hinaus stellt sie regelmäßig auf »mummy-mag.de« die aufwendigen Collagen mit den tragbarsten Modeneuheiten zusammen. Bei der Konzeption des Lifestyle-Blogs war ihr der Aspekt wichtig, dass Mütter Frau bleiben, denn diese Maxime lebt die Diplom-Kauffrau auch selbst. Beruflicher Erfolg ist für Saskia, die sich auf Styling spezialisiert hat, ebenso attraktiv wie greifbar nahe: vormittags – denn nach 15 Uhr liegt das Augenmerk der Vollblutmutter auf ihren drei Jungs. Und wenn es um deren Kleidung geht, hat sie vor allem eine Priorität: Ins Haus kommt nur, was in der Maschine waschbar ist.

»Ich habe jetzt einen Fitness-Anspruch an meine Kleidung. Ich muss darin maximal beweglich sein und mit den Jungs Schritt halten können.«

Kunststücke und die Kunst des Mama-Alltags

ANNA REDEKER (30) mit **ROBERT VOGDT** (30) und **ROSA** (18 Monate) | BERLIN SCHÖNEBERG

Baby und Handy? Das geht nicht immer gut. Aber Rosa liebt es, Fotos und Videos von sich und anderen anzuschauen.

Schwäbisch Hall ist bekannt für seine Bausparverträge und für eine Mentalität, die weniger für mehr hält. Mit »weniger« ist auch die Kunst gemeint – deshalb ging Anna im Alter von 20 Jahren nach Karlsruhe, um Kunstgeschichte zu studieren. Den Master of Arts machte sie dann 2011 in Berlin. Auch ihren Freund fand sie in der Hauptstadt – genau wie ihren Stil: »Wenn es überhaupt eine modische Anlehnung an meine Heimat gibt, dann höchstens, indem ich, ganz nach schwäbischer Manier, auf Firlefanz meist vollständig verzichte.« Das hat sich noch verstärkt, seit sie Mama ist. Clean sind ihre Outfits, lässig, mit einer Spur mehr Individualismus als zuvor. Die übergroßen Hemden und Jacken ihres Boyfriends haben es Anna dabei besonders angetan. Robert ist Herrenschneider mit einem Atelier für Maßkonfektion. Ihre geliebte Leinenjacke hat er eigens für Anna angefertigt. Dazu trägt sie am liebsten weite Chinos oder – ja, tatsächlich – eine Baumwoll-Pyjamahose. »Die könnte ich nonstop tragen, sogar zu Abendveranstaltungen – da sind dann die Accessoires entscheidend.« High Heels gehören nicht mehr zu Annas Schuhrepertoire. Die Schwarz-Abteilung im Kleiderschrank ist seit Monaten unberührt. Kräftige und vor allem helle Farben, darin fühlt sich die Kuratorin momentan am wohlsten. Blöd nur, dass sich Cremetöne und Kleinkind nicht unbedingt vertragen. Doch das ist Anna schnuppe: »Ich habe von Anfang an versucht, mich meiner Mutterrolle nicht zu unterwerfen – und möglichst keine Unterscheidungen zwischen mir als Mutter und mir als Frau zu treffen.« Deshalb passt sie die Farbwelt ihres Kleiderschranks auch nicht an Rosas Speiseplan an. Einen typischen Mama-Look gibt es in Annas Augen nicht. Und auch sonst leben die Redeker-Vogdts eher nonkonform.

Robert arbeitet selbstständig in seinem an die Wohnung angrenzenden Atelier und kann seine Zeit frei einteilen. Anna ist nur noch halbtags in der Galerie: »Ich bin viel weniger bereit, Überstunden zu machen oder mich wie früher für den Job

Annas Freund Robert arbeitet in seinem Atelier für Herrenmaßkonfektion selbstständig und kann seine Zeit frei einteilen – ein absoluter Segen.

aufzureiben.« Job meint Kuratorin, Sales Management und Künstlerbetreuung. Hinzu kommen unabhängige künstlerische Projekte und eine Promotion in Kunstwissenschaften. Ein wahres Kunststück ist es allerdings, »Gequengel, Gefiepse, Gezappel zu handlen, vor allem dann, wenn ich gerade beschäftigt bin«. Da braucht es schon eine ergiebige Energie-Tankstelle: »Morgens mit Rosa im Bett kuscheln und mit ihr Blödsinn machen.« Hier darf dann doch auch ein bisschen Firlefanz sein!

»Ich habe von Anfang an versucht, mich meiner Mutterrolle nicht zu unterwerfen – und möglichst keine Unterscheidungen zwischen mir als Mutter und mir als Frau zu treffen.«

Smart Everything

ANNE-SOPHIE BRIEST (41) mit **FAYE MONTANA** (11) und **JAHMAR** (17) | BERLIN MITTE

Anne-Sophie Briest ist Schauspielerin, doch es gibt Dinge, die ihr wichtiger sind. Ihre Tochter Faye beim wöchentlichen Training zu unterstützen beispielsweise. Faye tanzt leidenschaftlich bei der Cheerleader-Gruppe von Alba Berlin. Das bedeutet für Mama viel Fahrerei – auch am Wochenende zu Wettbewerben. Sohn Jahmar (17) ist längst eigenständig. So blieb Anne-Sophie noch Zeit, zusammen mit Antje Michaelis eine bilinguale Kita zu gründen. Ihr neuestes Projekt, das Kinder-Catering »smart cooking«, versorgt die Kleinen mit gesunden und abwechslungsreichen Gerichten.

»Ich definiere mich weniger übers Mama-Sein, mehr über meine Leistung im Job. Das gibt auch den Kindern den Raum, mal etwas falsch zu machen.« Die Unternehmerin hat eben zu viel zu tun, um bei den Kindern sekündlich den »Kontrolletti« zu spielen oder lange »herumzudiskutieren«. »Das wirkt auf Außenstehende streng, ist aber ungemein effektiv und zeitsparend.«

Anne-Sophie Briest ist in Ostberlin groß geworden. Ihre Mutter strickte und nähte ihr die neuesten Trends. »Westklamotten« gab es auch – Secondhand von den Cousinen.

Heute gehören T-Shirt, Jeans oder Leggings und Sneaker in allen Varianten und Altersklassen zu Anne-Sophies Outfit-Essentials. Kombinationen aus diesen trägt sie vom Büro direkt in die Sporthalle. Auch wenn sie dort in ihren Air Max oder Vintage-Jordans nicht immer selbst aktiv ist, Anne-Sophie ist sich sicher: Ihr Look würde ohne Kinder nicht anders aussehen. »Eine bequeme Muttimontur? Das habe ich mir nicht wirklich zugelegt.« Was sie von vielen anderen Müttern unterscheidet: Bereits nach dem ersten Kind hatte sie das Bedürfnis – und die Figur –, nur noch enge Sachen anzuziehen. Jahmar kam in den USA zur Welt, Faye in Deutschland. »Das Gesundheitssystem ist ein anderes, aber im Endeffekt ist ein Baby zu bekommen im Vergleich zur Erziehung gar nicht so eine Riesennummer«, sagt die 41-Jährige.

Ihre »Babys« sind nun kleine Erwachsene, die ihre Mutter ermahnen, beim Autofahren nicht zu viel zu fluchen und »mal ihre Basis zu chillen«. Das tut die Geschäftsfrau und leidenschaftliche Köchin auch, sobald die Kinder schlafen und der Geschirrspüler leise brummt.

Anne-Sophie begleitet Tochter Faye regelmäßig zum Training bei den Nachwuchs-Cheerleadern von Alba Berlin.

»Ich definiere mich weniger übers Mama-Sein, mehr über meine Leistung im Job.«

Von Sonnenseiten und dem Weg dahin!

KATHA SCHINKINGER (37) mit **STEFAN HÄCKEL** (38), Vater von **EVA** (10 Monate) | **HANNES EDER** (47), Vater von **LEONARD** (13), **FERDINAND** und **JULIUS** (beide 9) | WIEN 15. BEZIRK

Ein 200-Quadratmeter-Dachgeschoss mit zwei Terrassen und »Pool«. Den Jungs gefällt's. Erst recht, wenn der Stiefdaddy den Grill anwirft.

Wer beim Stichwort »Wien« an Frauen mit Bluse, Perlen und gebrandetem Allerlei denkt, der liegt manchmal richtig. Der hat allerdings Katha Schinkinger noch nicht kennengelernt. Katha ist vierfache Mama mit allem Drum und Dran: Sohn Leon wurde während der Studienzeit geboren, vier Jahre später die Zwillinge und neun Jahre später ein Mädchen – Vater ist Kathas neuer Lebensgefährte.

Katha selbst kommt aus einem kleinen Ort an der Donau in Oberösterreich. Ihre Eltern sind weltoffen und an Politik genauso interessiert wie an Design und Mode. Ergo hat Katha schon viel an- und ausprobiert. »Je älter ich werde, desto stilfester bin ich«, sagt die 37-Jährige, deren Mutterrolle laut eigener Aussage keinen Einfluss auf ihren Stil hat. Denn Stil ist Charakter. Und das heißt auch: Nicht die einzelnen Komponenten wie Jeans, Sneaker, Hemden oder Umhängetasche zählen, sondern die Kombination aus allem.

»Ich ziehe mich jeden Tag nach Stimmung und beruflichen Terminen an. Habe ich mit Kunden zu tun, ist es einen Tick seriöser und aufgeräumter als an Tagen, die ich mit den Kindern verbringe.« Seriös bedeutet bei Katha: gut geschnittene Hosen, Heels und ausgefallenes Top oder ein knallroter Statement-Sweater in Kombination mit der geliebten Glanzlederhose. Hauptsache laut: »Damit schockiere ich beim Abholen auch gern mal die Mamas in der

Kathas Lieblingsplatz ist der große Ess-, Bastel-, Diskutier- und Arbeitstisch von Fritz Hansen mitten im Wohnzimmer. Die Lampen sind von Tom Dixon.

Schule.« Auf High Heels am Spielplatz verzichtet sie gerne, auf Attitüde NIE!

Kathas liebster Platz ist der große Esstisch mitten im offenen Wohnzimmer. Hier wird gegessen, gelernt, gemalt, gebastelt, verarztet, diskutiert, getröstet und auch gearbeitet. In der Agentur »katha«, die sie 2008 gründete, ist sie heute angestellt. »Das fühlt sich in der jetzigen Lebensphase perfekt an. Die Vereinbarkeit ist eine Lüge und kostet immer.« Erst nach der Geburt ihrer kleinen Tochter wurde Katha bewusst, dass sie nicht alles auf einmal schaffen kann. Seitdem achtet sie mehr auf sich, macht Sport, arbeitet nur wenige Stunden in der Woche. Dank der Unterstützung eines Kindermädchens lässt sich das gut einrichten. »Ohne Job wäre ich nicht glücklich. Ich schätze – auch finanzielle – Unabhängigkeit und brauche die Herausforderung und die Aufgabe.« Eine dieser Aufgaben ist die Unterstützung von Flüchtlingen. Mit einem Team von freiwilligen Helfern arbeitet Katha für »Refugees Welcome to Austria«. Erfolg definiert sie heute so: »Ich muss nicht mehr nächtelang arbeiten, Pitches gewinnen und Neukunden an Bord holen. Eine halbwegs funktionierende Work-Life-Balance für uns alle ist der eigentliche Erfolg für mich.«

»Ich muss nicht mehr nächtelang arbeiten, Pitches gewinnen und Neukunden an Bord holen. Eine halbwegs funktionierende Work-Life-Balance für uns alle ist der eigentliche Erfolg für mich.«

Neben dem Alltag mit ihren vier Kids nimmt sich Katha Zeit, ehrenamtlich Flüchtlinge zu unterstützen.

Vom Gefühl der Freiheit

MELANIE-JASMIN JESKE (38) mit **JULIUS HENRI ZACHARIAS** (7) | HAMBURG ST. PAULI

Melanie ist meist mit dem Radl da – einem alten Peugeot-Bike aus den 80er-Jahren. Ihr Sohn liebt es, wenn sie ihn von der Schule abholt.

Melanie ist genauso, wie man sich eine klassische Hamburgerin nicht vorstellt. Das mag an ihrem wie mit der Wasserwaage geschnittenen Pony und ihrer herzlichen Art liegen, aber auch daran, dass sie ursprünglich gar keine Hamburgerin ist. Aufgewachsen in einem Dorf bei Tübingen, kam sie 1997 in die Hansestadt. Das bunte Gewusel auf St. Pauli entspricht ihrem »State of Mind«.

Farbenfrohe Kleider sind Melanies Ding. Röcke ersetzen die Hosen im Schrank. Und auf einengende Skinny Jeans kann sie erst recht verzichten – Melanie passt einfach ihre Accessoires den Tagesanforderungen an. »Ich bin bekannt für viel Gepäck«, sagt die PR-Managerin. MacBook, Ladekabel, dicke Socken, Schal und ein bodenlanges Regencape gehören zu ihrem üblichen Tascheninhalt: »Plötzliche Regenschauer sind hier oben keine Seltenheit.« Weil im Korb an Melanies Rennrad nur eine Tasche Platz hat, ist eine Crossbodybag für sie unverzichtbar. So hat sie die Hände frei, um sicher durchs Leben zu lenken. »Mama sein und Vollzeit arbeiten ist schon extrem schwierig, vor allem als Alleinerziehende. Immer dieses Gefühl, dass man es besser hätte machen können, aber es einfach zeitlich nicht geschafft hat.«

Ihr Sohn Julius wurde 2008 geboren. Zwei Jahre zuvor wechselte sie nach Jobs in verschiedenen Moderedaktionen in die Kommunikation beim Herrenausstatter Herr von Eden. Dann kam die Insolvenz des Unternehmens, und gleichzeitig erlitt sie einen Burnout. Melanie entschloss sich zur Gründung der eigenen PR-Agentur Melodie Michelberger und verschaffte sich so mehr Flexibilität im Alltag: »Ich würde mir wünschen, dass die Kindererziehung von beiden Partnern zu gleichen Teilen übernommen würde. Bisher hatte ich eher die klassische Mutterrolle inne, obwohl ich seit der Geburt meines Sohnes immer auch gearbeitet habe«, sagt die Frau mit der »Girlpower«, die heute hauptsächlich Designerinnen zu ihren Kunden zählt. Die Zusammenarbeit mit Frauen empfindet

Moderner, gelebter Feminismus bedeutet für Melanie, dass Frauen sich solidarisieren, sich gegenseitig vertrauen, unterstützen und fördern. Von Gleichberechtigung sind wir immer noch meilenweit entfernt.

sie oft als sehr viel gleichberechtigter, intuitiver und loyaler als die mit Männern. »In der Hamburger DesignerInnen-Szene gibt es viele tolle Modelabels. Anders als bei Städten wie Berlin hat von denen außerhalb Hamburgs aber kaum jemand etwas gehört. Und genau dieses Bewusstsein für die Mode aus der eigenen Stadt versuche ich mit allen zusammen gerade zu ändern.«

Übrigens, wer diese Frau als Melodie Michelberger kennt: »›Melodie‹ sagten ein paar meiner Lehrer früher immer, da meine beste Freundin ›Harmony‹ hieß. Und ›Michelberger‹ ist eine Anspielung auf mein Zuhause in Hamburg. Ich wohne auf einem Berg neben dem Michel. Eigentlich ein bisschen bescheuert, aber jetzt ist es raus.«

»Stil ist für mich Individualität und die Freiheit, sein eigenes Ding durchzuziehen, auch wenn es vielleicht nicht gerade up to date ist.«

Ziele braucht der Mensch!

BARBARA FRANZREB (36) mit **JAN FRANZREB** (34) und **MIKA MAGDALENA** (36. Schwangerschaftswoche) | BERLIN KREUZBERG

In ihrem alten Prenzlauer-Berg-Kiez ist Barbara heute noch gern unterwegs.

Sport ist für viele Mamas und einige, die es werden, ein wunder Punkt. Sie haben oder nehmen sich keine Zeit dafür. Nicht so Barbara Franzreb. Die Zalando-Managerin kommt dort runter, wo anderen die Puste ausgeht. Halbmarathon, Langhanteltraining, Nike Training Club zieren ihre Fitness-Vita – momentan stehen allerdings Yoga und lange Spaziergänge auf der Tagesordnung. Die Schwangere weiß: Ihre Laufstrecken im Volkspark Friedrichshain oder im Park am Gleisdreieck wird sie vorerst im Schneckentempo absolvieren müssen. Sie hofft, etwa zwei Monate nach der Geburt des Babys langsam mit dem Buggy joggen zu können. Vorausgesetzt sie hat genug Schlaf. »Ich gehöre leider nicht zu den Menschen, die nach einer Fünf-Stunden-Nacht fit sind. Trotz Schlafentzug eine agile und energetische Mutter zu sein, das wird eine Herausforderung für mich.« Barbara weiß, wovon sie spricht: Etliche Freundinnen haben Kinder, für den Neffen Julius (5) nimmt sie sich regelmäßig Zeit. Die Eltern leben in Barbaras Heimat Saarbrücken. Ihre Mutter würde sich einen längeren Zeitraum um das Baby kümmern, wenn die Working-Mum wieder arbeiten geht und noch kein Kita-Platz in Sicht ist.

Über die Vereinbarkeit von Beruf und Familie hat sich die Managerin viele Gedanken gemacht – mehr als über Schwangerschaftsoutfits. »Erst nach dem fünften Monat war erkennbar, dass es kein Wohlstandsbäuchlein ist.« Jetzt, in den letzten Wochen, ist es Barbara umso wichtiger, auch als Schwangere gut und typgerecht gekleidet zu sein. Sie hat die Kunst perfektioniert, aus ausgewiesenen Schwanger-

schaftsteilen und ihren bisherigen Kleidungsstücken neue Outfits zu erdenken. Was noch passt, aber nicht mehr sitzt, wird einfach umfunktioniert. Ein langer Jerseyrock mit Gummibund bekommt zusammen mit einem Strickpulli als Empire-Ensemble eine Chance. »Das funktioniert nicht immer, vor allem nicht bei Teilen mit Taillenbetonung oder V-Ausschnitt«, weiß Barbara in Schwangerschaftswoche 36. Was sie noch weiß: Zwei Monate werden sie und ihr Mann parallel Elternzeit nehmen und verreisen. Außerdem steht eine Ausbildung zur Kinderyogalehrerin an. »Jan möchte einen Teil der Elternzeit übernehmen, was toll ist, denn ich arbeite sehr gerne. Er wird also nicht in die Ernährerrolle gedrängt. Generell wünsche ich mir ein egalitäres Familienmodell, in dem Karrierechancen und die Kinderbetreuung gleichmäßig zwischen den Partnern aufgeteilt werden.« Und Barbara hat bisher schon vieles geschafft, was sie sich vorgenommen hat …

»Generell wünsche ich mir ein egalitäres Familienmodell, in dem Karrierechancen und die Kinderbetreuung gleichmäßig zwischen den Partnern aufgeteilt werden.«

Das Bauchgefühl sagt: Nimm noch ein paar frische Blumen mit, wer weiß, wann du das nächste Mal dazu kommst.

Fulltime-Mama & Familienmanagerin

SASKIA BORCHERT (36) mit **STEFFEN BORCHERT** (35), **LEVI** (3) und **ELIJAH** (2) | MÜNCHEN SCHWABING

Früher waren es Ledertaschen von Dior oder Jil Sander, heute geht Saskia nicht mehr ohne ihren Dawanda-Rucksack aus dem Haus.

Ich war schon immer mehr der T-Shirt- als der Seidenblüschen-Typ«, sagt Saskia Borchert, die mit 24 Jahren von Karlsruhe nach München zog. Der Job hat sie hierher geführt. Acht Jahre arbeitete sie in der Moderedaktion der Zeitschrift Vogue, bevor sie schwanger wurde. Seitdem ist vieles anders. Die Business-Looks hat Saskia an den Nagel gehängt – vorerst. »Mein Outfit soll schnell und bequem anzuziehen sein, nicht zwicken oder einengen. Ich möchte nicht ständig irgendwo rumzupfen, um zu verhindern, dass ich mit dem Po oder dem Dekolleté im Freien stehe, wenn ich mich zu meinen Jungs runterbeuge«, sagt die 1 Meter 84 große Zweifach-Mama. Ihre Elternzeit hat sie um ein Jahr verlängert. »Ich brauche den Break und möchte meine Kinder erleben.« Levi wurde mit Trisomie 21 geboren. Elijah folgte 19 Monate später. »Die erste Zeit war unbeschreiblich anstrengend. Oft hab ich erst kurz vor dem Rausgehen gemerkt, dass ich noch mein Schlaf-Shirt anhabe.« Heute findet die Fulltime-Mama langsam auch wieder Ruhe, um »etwas anderes zu machen, als Mama zu sein«. Das entspannt sie – und tut somit auch ihrer Familie gut. Dennoch: »Die klassische Working-Mum bin ich sicher nicht.«

Wenn Saskia heute vor die Tür geht, trägt sie immer noch am liebsten Shirt und darüber einen Blazer oder ein Hemd ihres Mannes – Flanell, Karo, Jeans: »Das macht den Look erwachsener und ist trotzdem lässig.« Kleider, Röcke und empfindliche Stoffe finden in Saskias Alltag gar nicht mehr statt. Ebenso wenig wie Schmuck. Ihre geliebte lange Kette mit mehreren Anhängern baumelte den Jungs ständig im Gesicht. Dafür hat sie den Rucksack wieder für sich

entdeckt: »Einfach praktischer und für meinen Rücken auch viel gesünder – es muss ja nicht das sportliche Trekking-Modell sein.« Die luftgetrockneten Haare zwirbelt Saskia schnell zum Pferdeschwanz oder Dutt. So bleibt mehr Zeit für das morgendliche Kuscheln im Bett. Ein Lieblingsmoment. Ebenso wie das Abholen der Jungs von der Kita und die Nachmittage im Hof. Saskias Mann Steffen arbeitet bei BMW, die Großeltern wohnen alle in Karlsruhe. »Wir basteln gerade mit einer Babysitterin an einem Nachmittag in der Woche, an dem wir mal wieder ein paar Stunden für uns als Paar haben. Das ist manchmal gar nicht so einfach, aber unglaublich wichtig, vor allem auch für die Kinder.«

Levi wurde mit Down-Syndrom geboren und entwickelt sich in seinem eigenen Tempo, so scheinen die beiden Jungs fast gleichaltrig.

»Wir basteln gerade mit einer Babysitterin an einem Nachmittag in der Woche, an dem wir mal wieder ein paar Stunden für uns als Paar haben. Das ist manchmal gar nicht so einfach, aber unglaublich wichtig.«

Stil ist abhängig von Raum, Zeit & Kind

SHANAY HALL (25) mit **SAMUEL HALL** (30) und **IYLA WILDE** (3)
BERLIN KREUZBERG

Im grünen Garten ihres Hinterhofs durchforsten die beiden Freigeister am liebsten die Natur.

Doula. Was klingt wie der Name eines Wüstenemirats, ist Altgriechisch, heißt »Dienerin« und bezeichnet eine Frau, die einer Schwangeren vor, während und nach der Geburt zur Seite steht. Eine Hebamme also? Nein. Während klassische Hebammen auf den medizinischen Part fokussiert sind, wirken Doulas als mentale Stütze. Die persönliche Assistentin bei einer Geburt sozusagen, deren zusätzliche Anwesenheit den Einsatz von Schmerzmitteln, die Rate von ungeplanten Eingriffen, Kaiserschnitten und Zusammenbrüchen von Vätern senkt. Shanay ist Doula. Heute. »Meine eigene Doula inspirierte mich dazu, die Ausbildung zu machen, nachdem ich in New York City eine perfekte Hausgeburt hatte.« Aufgewachsen ist Shanay in einem Fischerort an der Westküste Australiens, danach ging's nach New York, bevor sie sich mit ihrer Familie in Berlin ein lauschiges Plätzchen schuf. Deshalb ist sie auch überzeugt davon, dass sich Stil mit dem Alter ändert und mit dem Ort, an dem man lebt. Ihre Schwangerschaft hat sie vornehmlich in Boho-Kleidern verbracht. In der Stillzeit mussten Vintage-Varianten mit Knöpfen herhalten. Die trug das Ex-Model besonders gern, weil sie annahm, auf Kleider in ihrem Leben mit Kind verzichten zu müssen. Von wegen. Heute findet sich in ihrer Sammlung sogar noch eine zusätzliche Variante: das Maxi-Match zum Kleid ihrer Tochter Iyla. Die sucht nämlich aus, was Mama tragen soll: am liebsten das Gleiche wie sie! Shanay verziert ihr Outfit dann noch mit filigranem Schmuck, ansonsten hält sie alles so clean wie möglich.

Klare Aufteilung auch beim 50:50-Modell mit dem Daddy. Sam bringt Iyla in die Kita, Shanay holt sie ab – außer es kommt ein Job dazwischen. Als Model war sie vom Erfolg getrieben. »Seit ich als Doula arbeite, tue ich nur noch, was mein Herz sagt.« Und doch gibt es eine Parallele zwischen den Welten: »Man weiß nie, wann und wo der nächste Job sein wird. Wenn der entscheidende Anruf kommt, muss man

Iyla ist ein kleiner Wirbelwind. Sie wurde in New York City zu Hause mit mentaler Unterstützung einer Doula geboren – heute ist Shanay selbst Doula.

Es gibt auch Momente der Ruhe, so etwa wenn Shanay aus Iylas Lieblingsbuch »Oh, the Places You'll Go« vorliest.

springen.« Simple Leggings und Socken in Gesundheitslatschen, das trägt Shanay als Doula. Freunde und Babysitter passen auf Iyla auf, wenn der Vater nicht da ist. Die Großeltern leben in England und Australien, wo Shanay auch das erste Jahr mit Iyla verbracht hat. Beim nächsten Kind würde sie weniger umherreisen. Das geht zwar mit Baby gut, aber irgendwann war es eine echte Herausforderung, dem »Mondschein«, was »Iyla« auf Hindu bedeutet, feste Ess- und Schlafgewohnheiten anzugewöhnen. In fremden Ländern und ohne den Komfort eines festen Zuhause. »Ich bereue das nicht, aber es würde mir heute auch reichen, ab und zu mal in Urlaub zu fahren.«

HARD PRINCE
WOOL

Handwerk als Mama-Yoga

ANDREA POTOCKI (36) mit **ARTUR POTOCKI** (41), **EMIL** (7), **RIO** (5) und **MILLA** (2) | BERLIN LICHTENRADE

Andrea ist waschechte Berlinerin. Die Unterschiedlichkeit der Stadtteile, der spießig angehauchte Berliner Westen, das bunte Kreuzberg, das hippe Mitte, all das beeinflusst ihr Stilempfinden. Was Andrea außerdem ist: Modedesignerin. Ihr Label Talkingmeanstrouble präsentierte sie 2008 auf der Berlin Fashion Week, »höchst«-schwanger mit dem ersten Kind. »Emil war nicht geplant, aber das Beste, was Artur und mir passieren konnte. Da ich als Erste im Freundeskreis schwanger war, wurde ich nicht mit lieb gemeinten Ratschlägen überschüttet.« Als Neu-Mama stand die Designerin jedoch vor der gleichen Herausforderung wie Otto Normalverbraucherin: Es galt, stillfreundliche Teile zu finden. »Ich mochte es nicht, mein T-Shirt hochzuziehen und mit freiem Bauch auf der Parkbank zu stillen.« Ergo kamen fortan verstärkt Hemdblusen, bequeme Hosen und Ballerinas zum Einsatz. »Ich mag bunte Muster, weil man nicht jeden Fleck darauf sieht«, sagt die Dreifach-Mum, deren Vorliebe für Seide ungebrochen ist. »Die packe ich tatsächlich entgegen der Empfehlung in die Maschine: Wollwaschgang mit Feinwaschmittel.«

Die Einsicht, dass die Modewelt samt eigener Marke mit ihrer Vorstellung von Familienleben nicht zusammenpasst, kam Andrea bereits nach dem ersten Kind. Heute ist der Große sieben, das Küken zwei Jahre alt. Es bleibt endlich wieder Zeit für ein eigenes Projekt. »›We Like Mondays‹ ist mein Blog, Designstudio und Bastelparadies. Das entspannt mich. Mama sein ist mein zweiter Vollzeitjob!« Als Selbstständige kann Andrea ihre Arbeitszeiten anpassen, die Nachmittage gehören den Kids. Das Paar folgt der klassischen Rollenverteilung. Andrea schmeißt Kids und den Haushalt. Ihr Mann Artur, Tischler, kommt oft später als 19 Uhr nach Hause. An den Wochenenden

»Seitdem ich Kinder habe, mag ich es gerne, farbigen Nagellack zu tragen. Damit fühle ich mich sofort ein wenig herausgeputzt.«

Andrea liebt Montage, weil sie ihren Job genauso gerne mag wie die Wochenenden mit ihrer Familie.

schnitzt er Wanderstöcke, radelt oder lebt Legofantasien mit den dreien.

Potockis Mehrgenerationenhaus, das sie sich mit Andreas Eltern teilen, ermöglicht ihnen, »spontan ins Kino zu gehen und zu wissen, dass die Kinder in besten Händen sind«. Es gibt aber auch Tage, an denen ein Drama das nächste jagt und Andrea nicht weiß, ob es ihre eigenen Nerven sind oder der übliche Familienkrimi. »Wenn die Milch zum dritten Mal umfällt, einem Zahnpasta-Gesichter vom Badezimmerspiegel entgegengrinsen oder Milla bei 36 Grad darauf besteht, mit dicker Wollstrumpfhose in die Kita zu gehen.« Aber wenn sie alle raus sind, dann ist es plötzlich ganz still im Haus. Andrea kann ihre Stecknadeln fallen hören.

Daddy Artur ist Tischler und hat die Kinderbetten mit viel Liebe und Humor gestaltet: Am frühen Morgen speien Tiermäuler die Kinder aus.

Eine Extraportion Verantwortung

HONG DAO THI (29) mit **DUC NGUYEN** (33) und **LENI** (3)
BERLIN MITTE

Ein zeitgemäßes vietnamesisches Ambiente, das war Hong in ihrem Café wichtig.

Wer bei seinem Hauptstadt-Streifzug von der Alten Schönhauser Straße in die Schendelgasse Richtung Max-Beer-Straße abbiegt, der kommt an einem bemerkenswerten Café vorbei, das wie ein asiatischer Tagtraum anmutet. Besitzerin Hong ist eine zierliche Person mit besonderer Aura. Übersetzt bedeutet ihr Name »Rose«. Geboren wurde Hong in Ninh Binh, einer Provinz Vietnams. 1992 kam sie nach Berlin. Im Oktober 2014 eröffnete sie zusammen mit ihrem Mann Duc das »Quà Phê«. Da war Tochter Leni gerade mal zwei Jahre alt. Die Location-Suche, Verträge, Behördengänge erledigte Hong hochschwanger oder mit Baby. Da brauchte es eine gehörige Portion Organisationstalent, Durchsetzungs- und auch Durchhaltevermögen. Hong hat damit keine Probleme: Heute leitet sie das »Quà Phê« mit sechs Angestellten. Hosen, Haargummis und der obligatorische Bad-Hair-Day-Hut sind elementare Bestandteile ihrer Mama-Garderobe, die fließend in Hongs Job-Bekleidung übergeht. Kleider – so die 29-Jährige – sind für Mütter zwar typisch, jedoch ist sie überzeugt: »Sie wirken wie ein Fremdkörper an mir.« T-Shirt oder Bluse zu Hosen aller Art, das ist Hongs Uniform, die sie zur Kita, bei der Arbeit im »Quà Phê« und gleich nebenan auf dem Spielplatz trägt. Dazu kombiniert die Mitte-Mama im Sommer Sandalen mit Blockabsatz, »die einzigen Heels, mit denen man einer Dreijährigen hinterherhechten kann«. Das Besondere bei Hong: Sie trägt am liebsten die Nicht-

Hong trinkt am liebsten traditionellen vietnamesischen Filterkaffee aus dem Hario Buono.

Farben Schwarz und Weiß. Für ihre monochromen Kombis nimmt sie sich weniger als zehn Minuten täglich Zeit – diese kann sich Hong als Selbstständige flexibel einteilen. Das hat viele Vorteile im Mama-Alltag, umgekehrt bekommt sie aber auch keine Freistellung vom Arbeitgeber, wenn Leni mal krank ist oder die Kita streikt. Denn der Arbeitgeber, das ist ja sie selbst.

Beruflich erfolgreich zu sein, ist Hong wichtig. Seit sie selbstständig ist und Personalverantwortung hat, sogar elementar. Ein Misserfolg des »Quà Phê« hätte auch auf Lenis Zukunft finanzielle Auswirkungen. Deshalb erhält sie Unterstützung von ihrer Familie – den Eltern, zwei Schwestern, einem Bruder –, wann immer es diesen möglich ist. Und der Daddy hilft – wenn er vor Ort ist. Duc hat ein zweites Geschäft in Münster, ist also drei bis vier Tage in der Woche unterwegs. Hong ist das gewöhnt. Aber erst wenn Duc da ist, blüht die »Rose« so richtig auf!

Das Besondere bei Hong: Sie trägt am liebsten die Nicht-Farben Schwarz und Weiß. Für ihre monochromen Kombis nimmt sie sich weniger als zehn Minuten täglich Zeit.

Visitenkarten, Servietten und Kaffeestäbchen: Die Details müssen manchmal neu arrangiert werden, wenn Leni durch das »Quà Phê« gewirbelt ist.

Aus Liebe zum Frühstück

MARTA GREBER (35) mit **TOMASZ GREBER** (30) und **MIA** (5 Monate) | BERLIN FRIEDRICHSHAIN

Noch kann Marta mit Baby sitzen und Kaffee trinken. Wenn die Kleinen erstmal flügge werden, hält es keine Mama auf dem Chesterfield-Sofa.

Guten Morgen! Wenn die Sonne oder das Glucksen von Baby Mia sie wecken, dann öffnet sich Martas Lieblingszeitfenster. Dem Daddy geht es anders. Der Art Director ist eher der Typ Nachtigall und deshalb für das Abendbrot zuständig. Essen spielt bei Martas kleiner Familie eine große Rolle. Aber sobald Mia schläft, »füttert« Marta am liebsten ihren Kopf. Die Ästhetin vermisst, »einfach nur ein Magazin durchblättern oder sich auf ein Gespräch mit Leuten konzentrieren zu können«. Doch Auszeiten sind selten. Den Alltag müssen der Daddy und Marta allein bewältigen. Die Großeltern leben in Polen. Dort war Marta Anwältin – jetzt fotografiert sie für »whatshouldieatforbreakfasttoday.com« täglich die leckersten Frühstückchen – oftmals ihre eigenen. »Mein Blog ist durch Zufall entstanden. Weil ich nach einer Kur superhungrig war und alles gesund sein und appetitlich aussehen sollte. Fotografiert hab ich schon immer, es lag also nahe, auch das liebevoll zubereitete Essen festzuhalten.« Martas Blog gleicht einem Food-Tagebuch, dem man bisher noch nicht anmerkt, dass sich das »Weniger an Zeit« allmählich in Martas Küche breitmacht. Die Vorbereitungen fürs Frühstück dauern mit Baby eben länger. Das Verspeisen nimmt fast genauso viel Zeit in Anspruch, weil dabei ja die wundervollen Bilder geschossen werden. Meist trägt Marta einfach nur ihr Jeanshemd. Kleidung spielt in ihrem »neuen Leben« eh nur eine Nebenrolle. Als Anwältin in Warschau trug sie Kostümchen und Heels. Jetzt ist ihr Stil komfortabler, was nicht nur an Töchterchen Mia, sondern am neuen Umfeld liegt. Schon vor der Schwangerschaft gehörten Skinnys, Strickjacke und Boots zu den Essentials der Food-Bloggerin, an ihrem Jeanshemd hängt Marta besonders. Um eine große Tasche ist ihr Look jetzt reicher – mit genug Platz für alles, was ihr Mädchen happy macht. Martas Tipp für das perfekte Mama-Breakfast: warmer Porridge mit frischen Früchten und eine Tasse Kaffee. Weil Haferbrei easy und nahrhaft zugleich ist. Und »weil in jeder Liebesgeschichte eine Tasse Kaffee eine Rolle spielt«.

Als Anwältin in Warschau trug sie Kostümchen und Heels. Jetzt ist ihr Stil komfortabler geworden.

Zum erfolgreichen Foodbloggen gehört nicht nur eine Leidenschaft fürs Kochen und Arrangieren. Marta fotografiert und teilt ihre Gerichte auch – mit den sozialen Netzwerken.

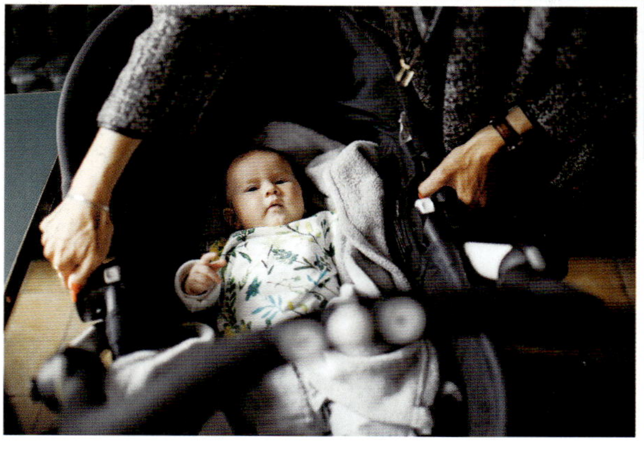

Baby Mias Blumenpulli ist von Zara, das Jeanshemd der Mama von Monki.

Mama und Papa in einem

SANDRA CHOCIWSKA (28) mit **LEVI NIKOLAI** (3)
WIEN 7. BEZIRK

Das Pink-Floyd-Shirt hat Sandra vor Jahren auf einem Flohmarkt in Paris gekauft und dann so zusammengeschnitten, wie es ihr gefiel.

Keine Mum ist wie die andere, aber manche sind ein bisschen »anderer« als der Rest. Sandra ist in Gdynia, an der Ostseeküste Polens, geboren und in Österreich aufgewachsen. Ihr erstes Dirndl trug sie zur Einschulung – nicht ganz freiwillig. Denn ihr Herz schlägt für Goldschmuck und künstlichen Pelz. Und auch sonst fällt Sandra eher auf, als mit der Masse zu gehen: In ihrem letzten Studiensemester wurde sie schwanger. Mit 24. Ungeplant. Der Vater verzog sich. Die Uni hat sie trotzdem beendet – mit Megakugelbauch im achten Monat! Zwei Jahre später hat Sandra den Brustkrebs besiegt. Heute lebt sie mit Sohn Levi in Wien und leitet die Marketing- und Kommunikationsabteilung von »Geizhals«, einem Portal für Online-Preisvergleich. Nebenbei ist die Macher-Mama freie Dolmetscherin und Journalistin.

»Ich glaube, dass Mütter im Berufsleben eine Vorbildfunktion haben, die uns noch nicht zugestanden wird. Sie gehen vieles schneller und effektiver an.« Langes Trödeln gibt's auch bei Sandra nicht. Dennoch: 20 Minuten täglich müssen für das Outfit drin sein. »Das Outfit« sind an einem stinknormalen Bürotag Skinny Jeans, ein Shirt, ihre Lederjacke – die ist mittlerweile weich wie ein Kinderpopo – oder ein Blazer. Wer bei Sandras Blazer an einen schwarzen Klassiker denkt, der irrt. Ornamente, Streifen, Blumen, Knallpink, alles – nur nicht schnöde.

Besonderer Stil ist für Sandra, »wenn man etwas Alltägliches wie Hose und Shirt so kombiniert, dass es aufregend, gleichzeitig aber auch unaufdringlich und spontan aussieht«. Ihre XXL-Canvas-Tasche gehört zum Standardprogramm, wenn sie mit

Levi unterwegs ist. Aus ihr zaubert die Organisierte alle möglichen Dinge hervor und nimmt dafür in Kauf, dass sie rüden Strapazen ausgesetzt ist. Ihre Sonnenbrillenkollektion dagegen hütet Sandra wie einen Augapfel. Kein Wunder, eignet sich eine Ray-Ban doch hervorragend, um die Augenringe nach einer kurzen Nacht zu kaschieren. »Ich bin die Mama am Spielplatz, die alle Blicke auf sich zieht und ihr Kind rumtoben lässt«, sagt die 28-Jährige und ergänzt: »Keine dieser stets besorgten Bio-Mütter.« Und die einzige Alleinerziehende in Levis Kindergarten. Was tough klingt, würde ohne Sandras Familie nicht funktionieren. Sie nehmen Levi zu sich, wenn die Single-Mum unterwegs ist. »Sie haben von Anfang an gesagt, dass sie mich unterstützen – und sie haben sich dabei selbst übertroffen!«

Jedes Jahr an Levis Geburtstag machen Sandra und ihr Sohn Fotos im Fotoautomaten, um zu dokumentieren, wie er größer wird.

Eis geht immer. Levi liebt Erdbeere und Schoko. Sandra mag Joghurt-Himbeere.

»Besonderer Stil ist für mich, wenn man etwas Alltägliches wie Hose und Shirt so kombiniert, dass es aufregend, gleichzeitig aber auch unaufdringlich und spontan aussieht.«

In der warmen Jahreszeit ist das Wiener Museumsquartier der Lieblings-Plansch-Stopp der beiden.

Zu Besuch bei Freunden

NADA LOTTERMANN (38) mit **LE FRANC LOTTERMANN** (46), **LILA** (10) und **JULI** (6) | FRANKFURT/MAIN WESTEND

»Double Trouble« – Vanessa (l.) und Nada (r.) haben schon zusammen die Schulbank gedrückt.

Jede Regel hat ihre Ausnahmen. Nada Lottermann ist eine davon. Denn ihr Stil hat sich durch die Kinder nicht verändert: »Ich ziehe immer noch dieselben Sachen an, und ich verstehe auch nicht, warum viele denken, man müsse praktischer werden«, sagt die eine Hälfte des Fotografen-Duos »Lottermann and Fuentes«. Die Freundinnen kennen sich seit der fünften Klasse. Nach einem gemeinsamen Job 2008 entschieden sie, auch beruflich zusammenzuwachsen: »Wir bemerkten, wie lustig es sein kann und wie entspannt man ist, wenn man eine Verbündete hat.« »Double Trouble« ist seitdem ihr Spitzname. Denn Aufmerksamkeit erregen die beiden Sexbomben mit ihren körpernahen Outfits, wohin sie auch kommen. Nada verzichtet als Mutter genauso wenig auf Pumps wie aufs Reisen, auf gutes Essen, Sport, Tanzen oder Sex. Ihr Mann hilft ihr bei allem: Jeder kocht mal, kauft ein oder bringt die Kinder zur Schule. »Wenn ich mich umhöre, sieht es oft anders aus. Auch bei vermeintlich fortschrittlichen Paaren sind Frauen- und Männerrollen immer noch klar zugeteilt.« Nadas Mann nimmt sich allerdings einige Freiheiten heraus: »Während der Schwangerschaft hat er oft versucht, mich mit lustigen Namen zu ärgern, wie zum Beispiel ›Elefanten-Mädchen‹. Die Hormone haben glücklicherweise dafür gesorgt, dass ich darüber lachen konnte.« Was Nada jedoch zur Weißglut treibt, sind Streits zwischen ihren Töchtern: »Die hören einfach nicht auf. Selbst nicht, wenn ich sie anschreie.« Und auch, dass sich Reisekosten mit zwei großen Kindern schlichtweg verdoppeln, bedauert der Freigeist ein bisschen. Dafür ist die Jobsituation – Nadas Rechner steht quasi mitten im Wohnzimmer – mit Kids ab einem gewissen Alter einfa-

Am Boden vor Lachen:
mit Brett vorm Kopf
und ganz viel dahinter!

»Mein Stil hat sich durch die Kinder nicht verändert: Ich ziehe immer noch dieselben Sachen an, und ich verstehe auch nicht, warum viele denken, man müsse praktischer werden.«

cher. Wenn die Lottermanns nicht unterwegs
sind – Nada auf Shootings, ihr Mann, Grafikdesigner, in seiner Agentur und die Kinder beim Theaterkurs oder Ballettunterricht –, sind die vier am liebsten zu Hause und schmusen. Nadas Lieblingsmoment ist, mit allen zusammen im Bett zu liegen. An einem Sonntag beispielsweise, da dürfen es dann auch Espandrilles, hier von Lika Mimika, statt Pumps sein: »Unser Zuhause ist unsere Höhle. Hier fühlen sich alle wohl.«

Das »Lottermann and Fuentes«-Office kann überall sein. Meist ist es in Nadas Wohnung im Frankfurter Westend.

Von starken Frauen im wilden Westen

VANESSA FUENTES (37) mit **MARTIN WENZEL** (36), **LIMA** (3) und **LUAN** (1) | FRANKFURT/MAIN BAHNHOFSVIERTEL

Vanessa findet, ein Schlauchkleid (H&M Trend) kann alles. Bis auf Klavier spielen ...

Vanessa ist in der Hauptstadt Perus geboren – mit zwei Jahren kam sie nach Frankfurt am Main. Multikulti und deutsche Tradition, Bankerchic und Punk, Öko und Hiphop prägten Vanessa von da an gleichermaßen. 34 Jahre später trägt Tochter Lima den Namen ihres südamerikanischen Heimatortes. Sohn Luan wurde zwei Jahre nach der Schwester geboren. »Je mehr Kinder, je weniger Kopf bleibt für die Arbeit. Andererseits gibt man mehr Gas, sobald man die Gelegenheit hat.« Wenn sie den Nachwuchs ihrer Freundin Nada betrachtet, sieht Vanessa, wie schnell die Minis flügge werden. Das große Plus im Job: »Die Katastrophen, die man mit den Kleinen durchlebt, machen einen gelassener. Als Ausgleich brauche ich regelmäßig kurze Auszeiten, gutes Essen, Quatsch machen.« Die Fotografin weiß, dass es sinnlos ist, Dinge nebenbei zu machen. »Am Ende des Tages kommt man doch zu nichts, weil immer jemand zerrt, die Windeln voll sind oder einer Hunger hat, den Schnuller sucht, das Treppensteigen verweigert und dann schreit.« Peng! Plötzlich ist der Abend da. An solchen Tagen ist Vanessa froh, wenn Kleidung schnell aus- und anzuziehen ist und sie sich keine Gedanken machen muss. Dann greift sie zu ihrem geliebten Stretchkleid. Es ist zuverlässig, flexibel und würde auch noch eine dritte Schwangerschaft mitmachen. »Bitte nicht! Ein Drittes schaff ich nicht«, sagt die Macher-Mama, die morgens die Zweisamkeit mit Baby Luan genießt – beim zweiten Frühstück mit Schokocroissant und Cappuccino im Café um die Ecke. Danach fährt sie fast täglich in ihr Westend-Büro: Nadas Wohnung. »Ich arbeite gerne und brauche es auch, dass mein Gehirn und meine Sinne beansprucht werden.« Ihr Mann Martin ist Bildhauer, ebenfalls selbstständig, bei Engpässen werden die Omas eben mehr ein- und die Nerven angespannt. Die Pferde gehen nur selten mit der Sanftmütigen durch: »Wenn Fußgängerwege zugeparkt sind, dann muss ich mit Buggy, Einkäufen und einem Kind an der Hand schwitzend jedes Mal an die guten alten Cowboys im Film denken, die selbst in den spannendsten Szenen ihre Pferde ordentlich an der Seite des Saloons angeleint haben.«

»Je mehr Kinder, je weniger Kopf bleibt für die Arbeit. Andererseits gibt man mehr Gas, sobald man die Gelegenheit hat.«

So ein Glastisch von Tom Dixon ist wahnsinnig faszinierend. Und wahnsinnig schnell vollgeschmiert.

Vanessas Tochter Lima weiß noch nicht, was eine Fotografin so alles macht, aber sie kommt gerne mit ins Office, um Lila und Juli zu sehen.

PARIS
PHOTO

Intuition als Erfolgsgeheimnis

SARAH GOTTSCHALK (27) mit **JENS LUDEWIG** (30)
und **»HOPPEL«** (32. Schwangerschaftswoche) | BERLIN KREUZBERG

Was man Monate vor der Geburt des ersten Babys in der Kommode hat? Ein paar geliehene Strampler von der Schwester. Sonst nix.

Sarah Gottschalk ist ein Phänomen. Geboren im beschaulichen Sauerland und aufgewachsen in einem Mini-Dorf im Rheinland, ist sie heute Trendsetterin, obwohl sie mit Mode eigentlich gar nichts am Hut hatte. Die 27-jährige Wirtschaftsjournalistin warf und wirft sich eher zufällig in ihre Klamotten. Mit Riesenerfolg. »thisisjanewayne.com«, den Sarah zusammen mit Nike van Dinther führt, zählt zu den bekanntesten Blogs über »Mode, Musik, Kultur, Interieur und das Leben«. »Trends ausprobieren, sich dadurch abgrenzen und Tuscheleien verursachen fand ich immer ziemlich witzig«, erzählt Sarah und bezeichnet sich selbst als »Meisterin im Anziehen und Zur-Seite-Schmeißen«. Letzteres führt dazu, dass ihr Schlafzimmer regelmäßig in Kleidungsstücken ertrinkt. Erst recht seit sie schwanger ist. Das richtige Outfit für die Bauch- und Tagesform zu finden, stellt eine noch größere Herausforderung dar. Ihre Kleider sind aufregend und Aufreger. Sarah bekommt als Bloggerin unglaublich viele Rückmeldungen auf ihre Schwangerschafts-Garderobe. Das wissen auch die Unternehmen, also schickt »Asos« mal eben eine Kiste Umstandsmode, in der Hoffnung, dass Sarah das ein oder andere Stück auswählt. Walla-Walla geht bei ihr ebenso wie körpernahe Varianten. Umstandsmode muss es bei Sarah nicht immer sein – denn sie hat Glück: »Da ich einen relativ kleinen Bauch habe, konnte ich bis zum sechsten Monat sogar noch meine High-Waist-Jeans tragen.« Das »Problem« saß weiter oben: Was am Bauch fehlte, fand sich in der Brust wieder – und die sorgte dafür, dass

Warum sollte Sarah sich Gedanken machen, wenn Kleider wie das Latzdress von Topshop passen, die gar nicht als Umstandsmode konzipiert sind?

jedes Oberteil seine Leichtigkeit verlor. A-Linien-Schnitte und ein Minimizer haben schließlich geholfen.

Und auch beruflich geht es nochmal so richtig rund. Erfolg ist Sarah sehr wichtig: »Das ist der Grund, warum ich die vergangenen fünf Jahre eigentlich nur gearbeitet habe.« Das 50:50-Modell mit dem selbstständigen Grafiker-Freund Jens ist bereits in Sack und Tüten. Dass der Papa mindestens genauso viel für die Kleine da ist wie sie, das ist ihr wichtig – es war bei ihr nicht der Fall. »Ich freue mich auf die Veränderung und darauf, hoffentlich etwas strukturierter zu sein!« Das Credo der Phänomenalen für die Mode mit Kind: »Ganz gleich, ob es danach ein paar Flecken mehr hat oder gänzlich anders ausschaut, es muss sich gut anfühlen. Stil ist schließlich wahnsinnig subjektiv ...«

Die Einrichtung des Kinderzimmers ist noch nicht wirklich abgeschlossen; aber alles völlig im Rahmen. Kuschel & Co. (Hase von Steiff, Hasenmädchen von Rimini) warten geduldig auf ihren Einsatz.

»Trends ausprobieren, sich dadurch abgrenzen und Tuscheleien verursachen fand ich immer ziemlich witzig.«

Weder Mama noch Papa und doch so nah

SIMONE GALSTAUN (26) mit **MATTHIAS DAVID** (36) und **LEVIN LINSENBARTH** (7) | BERLIN PRENZLAUER BERG

Simone mag den robusten Style der alten analogen Kamera ihres Vaters.

S'-Hertogenbosch ist ein beschauliches Örtchen in den Niederlanden. Abends sagen sich hier Fuchs und Igel gute Nacht. Tagsüber erzählt man sich, wie wichtig es ist, ordentlich auszusehen. Normcore – der Trend, durch gute, aber unauffällige Mode nicht aus der Masse herauszustechen – auf Dorfniveau sozusagen. »Diese Kultur lässt nicht viel Entwicklung zu, weil jeder auf den anderen schaut und ich nicht diejenige sein wollte, die sich vom Mainstream distanziert«, sagt Simone, die heute als Fotografin mit Freund und Stiefsohn in Berlin lebt. »Außerhalb meiner Heimat habe ich meinen Stil gefunden und fühle mich wohl und selbstbewusst.« Dieser Stil hat sich seit Levin kaum verändert. Das Einzige, worauf sie verzichtet, wenn Levin da ist, sind Schuhe mit hohen Absätzen. »Hier und dort muss etwas geschleppt werden, man geht mal spontan nach der Schule auf den Spielplatz oder noch einkaufen.« Weil sie aber dennoch gerne Absatz trägt, sind Plateausohlen für Simone die ideale Lösung. Ihr Kleiderschrank beinhaltet Teile, die gut zu kombinieren sind, stilvoll und feminin anmuten. Der klassische Mama-Look besteht für Simone aus einem Kleid oder einer Hose mit einem längeren Top. Letzteres ist eine Kombi, in die Simone gerne schlüpft, auch wenn eigene Kinder noch Zukunftsmusik sind. »Ich habe bis jetzt so hart gearbeitet, für den Erfolg, den wir heute mit dem Studio haben. Wenn Levin nicht da ist, genießen wir die Zeit, die wir für uns

Im Kleid von Annalena Becker lässt es sich locker gewinnen. Der Pfau auf dem Arm der Stiefmama steht für Stärke und für »Kopf hoch!«.

haben.« Jedes zweite Wochenende und dreimal in der Woche ist Levin bei Simone und seinem Dad. Als Simone mit Matze zusammenkam, war Levin erst drei. Mittlerweile sieht er in ihr eine Autoritätsperson, nimmt sie ernst, nennt sie seine große Freundin, die Dart mit ihm spielt und einen anderen Draht zu ihm hat. »Ich bin weder Mama noch Papa. So erzählt er mir Sachen, die er den beiden nicht anvertrauen möchte.« Das Verhältnis zu Levins Mama ist gut. »Wir mögen uns sehr gern, feiern zusammen Weihnachten oder trinken mal einen Wein. Dann sprechen wir auch über alltägliche Dinge – von Stiefmutti zu Mutti.« Das ist der Riesenvorteil am Stiefmama-Sein: Man kann sich hautnah in die Mutterrolle versetzen, aber auch die Leichtigkeit der Kinderlosen leben.

»Wer Selbstvertrauen hat, hat für mich Stil.«

Von den nachhaltigsten Dingen des Alltags

LILIJA MEIER (25) mit **LOLA** (2)
BERLIN KREUZBERG

Ihre Heimat Leipzig prägte Lilijas Wertschätzung für Gegenstände, die eine Geschichte erzählen.

Nostalgie ist ein klangvolles Wort, das Altes genau in das Licht rückt, in dem Lilija Meier es sieht. Die »Wertschätzung für langlebige Gegenstände« liegt der Esmod-Absolventin am Herzen. Deshalb beweist Lilija jeden Tag, dass Entwicklung und Nostalgie Hand in Hand gehen können. Upcycling nennt man es, wenn aus Altem neue Dinge erschaffen werden. Als Präsentationsfläche für ihre handgefertigten Kleidungsstücke aus antiken Duvets hat sich Lilija eine ehemalige Metzgerei ausgesucht, deren filigran gemusterte Jugendstilkacheln die Besucher sofort in ihren Bann ziehen.

Inmitten dieser verzauberten Atmosphäre findet man die gebürtige Leipzigerin wochentags von 10 bis 15 Uhr. Die Frau hat Bodenhaftung, strahlt innere Ruhe und Kraft aus. Sie macht Pilates, morgens zwischen 8 Uhr 30 und 9 Uhr 30, wenn sie Tochter Lola in die Kita gebracht hat. Dann widmet sie sich dem Laden – und im angeschlossenen Atelier der neuen Kollektion. »karakulowa« – der Name ihres Geschäftes – ist der Mädchenname ihrer russischen Mutter. Mütter-Stil ist für Lilija von einer Nuance Zurückhaltung geprägt: »Wir treten doch mit einer anderen Intention in die Welt.« Eine bequeme Hose beispielsweise ist im Alltag unabdingbar. Sie muss viel mitmachen, die Hose: »Man muss sich mit ihr im Sand wälzen, klettern, kriechen, rennen, und sie muss viele, viele Kleckerflecken aushalten können.« Seit Lola auf der Welt ist, hat sich Lilijas Kleidungsstil von opulent-verspielt in schlicht und konkret verwandelt. Ihr Kleiderschrank ist übersichtlicher geworden. »Der Wohlfühlfaktor steht ganz weit oben«, sagt die 25-jährige Single-Mum. Tiefe Ausschnitte braucht sie nicht. Aber Unterstüt-

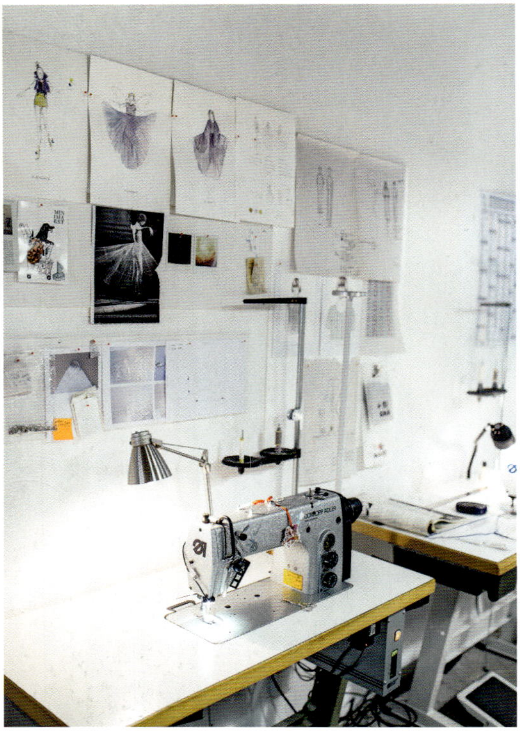

Aus antiken Bettlaken und Decken schneidert die Esmod-Absolventin Shirts, Hemden und Blusen.

Seit Lola auf der Welt ist, hat sich Lilijas Kleidungsstil von opulent-verspielt in schlicht und konkret verwandelt. »Der Wohlfühlfaktor steht ganz weit oben.«

zung: »Mein Vater hat mir von Beginn bei der Realisierung der Idee ›karakulowa‹ geholfen, sowohl mental als auch finanziell. Meine ganze Familie schätzt meine Einstellung zur Arbeit mit Kind und unterstützt mich.« Lolas Papa ist Filmcutter und lebt in Berlin. Es gibt geregelte Zeiten, an denen er seine Tochter sieht.

»Es ist immer Luft nach oben«, das ist Lilijas Devise. Lilijas Job ist nicht einfach nur ihr Job. Sie liebt, was sie tut. Aber »wenn Lola vor Freude aus allen Nähten platzt, fröhlich durch die Gegend springt und happy mit sich in dieser Welt ist«, dann ist das der nachhaltigste Moment, den Lilija sich vorstellen kann.

Wenn sie mit Lola alleine ist, dann geht die Single-Mum aus sich heraus: Sie tanzen, singen, lachen und machen sich gemeinsam zum Clown.

Das Leben ist ein Wirbelwind

SISSI RASCHE (30) mit **CHRISTIAN RASCHE** (45), **HUGO** (4) und **CLÉO** (2) | FERCH AM SCHWIELOWSEE

Das Wochenenddomizil der Rasches liegt etwa 20 Kilometer außerhalb Berlins. Wer kommt, der wird freudig empfangen.

Sissi, eigentlich Franziska, kommt aus dem hohen Norden. Weil sie Menschen noch mehr liebt als Mode, wurde sie Hebamme. Sie ist spezialisiert auf Hausgeburten und ganz anders, als man sich Hebammen so vorstellt. Pragmatisch ja, empathisch sehr, aber auch schnittig und megalässig. Ihren Mann hat sie im Berliner Nachtleben kennengelernt. Heute steigen die Partys tagsüber in ihrer Wohnung oder am Wochenende in ihrer Datsche am schönen Schwielowsee. Ein Rattenschwanz an Organisation hängt an Sissis Alltag, vor allem wenn eine von den Frauen, die sie betreut, kurz vor der Geburt steht. Sie liebt ihren Job und hadert deshalb mit der Balance: Als selbstständige Hebamme ist Sissi ständig auf Abruf. Als Mutter aber auch. Der »worst case« trat Weihnachten 2014 ein, als Mann und Kinder plötzlich alleine unterm Christbaum saßen. Dafür wurde am anderen Ende der Stadt mit Sissis Hilfe ein Christkind geboren.

Die werdenden Mütter können sich auf »die Rasche« verlassen. Vertrauen zur Hebamme ist das beste Schmerzmittel, weiß die Zweifach-Mama. Und es geht in ihrem Job ja »nicht nur um das Kind, sondern auch um die Frau!« Die andere Frau. Deshalb ist es bei Sissis Arbeit nicht wichtig, wie sie selbst aussieht, ihre Hände und Worte zählen. Ihre »Arbeitskleidung« besteht eigentlich aus Jeans und T-Shirt. »Ich hab aber auch schon eine Geburt im Abendkleid betreut, weil es besonders schnell gehen musste.« Sissi hat ein Faible für Kleider und einen ganzen Schrank voll davon. Herzstück ist ihr dunkelblaues Jerseydress. »Damit bin ich einfach schnell gut angezogen.« Die Schuhe machen schließlich die Musik. Mit ihren »Stans«

Ihr geliebtes Filippa K Dress begleitet die Hebamme tatsächlich überallhin.

zum Beispiel wird das knielange Kleid sandkastentauglich. Und auch Heels hat Sissi mehr als genug – die warten geduldig auf kinderfreie Abende. Für die Karriereleiter braucht sie keine. Denn die ist als Hebamme nicht wirklich hoch. Ihre Entscheidung für eigene Kinder fiel ihr deshalb leichter. »Man braucht allerdings einen tollen Mann und einen Super-Freundeskreis, sonst funktioniert das nicht.« Paar-Momente sind selten, vor allem weil sie die Großeltern nicht in der Stadt haben. »Deshalb freue ich mich auch schon darauf, wenn mit 35 die Kinder aus dem Gröbsten raus sind und ich nochmal richtig viel für mich machen kann!«

Zusammen isst man weniger allein

ULLA KILLING (40) mit **ZOE EMILY** (16), **FINN ETHAN** (13) und **LIV NOELLE** (11) | BERLIN CHARLOTTENBURG

Mit ihren Kids am Tisch zu sitzen, macht Ulla glücklich. Und das Frühstück am Wochenende noch viel mehr.

Die Frau am Herd – das Hausmütterchen-Klischee schlechthin – ist für Ulla Killing die meiste Zeit des Tages ein Job, der des so genannten Culinary Consultant. Ulla berät Restaurants und organisiert das Catering kleiner und großer Veranstaltungen. Als Food-Stylistin verzaubert sie mit ihrer Firma »Killing Pepper« komplette TV- und Filmsets und kreiert Essenswelten für Zeitschriften wie H.O.M.E. oder Brigitte. So liebevoll, als wäre es das Frühstück für ihre Kids. Gemeinsame Mahlzeiten sind im ganz normalen Alltagswahnsinn selten und Ulla deshalb wichtig. 2009 ist Ulla mit ihren »Monkeys«, wie sie ihre Kids scherzhaft bezeichnet, samt Sack und Pack von einem Townhouse im Berliner Grunewald-Viertel in die City gezogen. Dort hat sie aus einer spröden Vier-Zimmer-Küche-Bad-Wohnung ein Panoptikum erschaffen. Man kann sich lange in der Wohnung aufhalten, ohne sich sattzusehen.

Die Tochter einer Dänin und eines Amerikaners ist in Wien geboren und aufgewachsen, ihr Stil ist klassisch mit zeitgemäßem Twist: Ihr Hermès-Carré trägt sie zu COS-Klamotten, Vintage-Klassiker, wie ein Aigner-Gürtel, werden mit cleanen T-Shirts, knöchellangen Jeans und ihren All-time-Favourites, den Ballerinas, kombiniert. Mit diesen lässt es sich einfach besser Wasserkisten und Einkäufe in den sechsten Stock schleppen. Außerdem ist das ehemalige Model 1 Meter 85 groß, da braucht es keine Heels – aber manchmal ein schönes Set Wäsche, um sich darin sexy zu fühlen. »Eine Portion Selbstbewusstsein ist im Alltag superhilfreich, manchmal wünsche ich mir noch eine dritte und vierte Hand«, sagt Ulla, die ihre drei wundervollen »Monkeys« alleine erzieht. Spontan ist bei der studierten Theaterwissenschaftlerin vieles, langfristig geplant so gut wie nichts. Mit drei Kindern läuft eben selten etwas so wie gedacht. Die Zeit der Umgewöhnung nach der Trennung war hart. Umzug, Schulwechsel und viele Fragezeichen in allen Köpfen. »Aber es geht immer weiter«, sagt Ulla als Optimistin, der Teller ist halb voll – bei diesem Frühstück mit Früchten und selbstgemachtem Granola. Gesundes Essen verleiht schließlich auch ungeahnte Kräfte.

»Eine Portion Selbstbewusstsein ist im Alltag superhilfreich, manchmal wünsche ich mir noch eine dritte und vierte Hand.«

Die Anwesenheit von Teenager Zoe bei den Mahlzeiten ist nicht selbstverständlich. Ullas Älteste bereitet sich zwischendurch auch selbst etwas zu.

In den Regalen hinter Liv und Finn verbergen sich Ullas Schätze: Kochbücher, exotische Zutaten und Mitbringsel aus der österreichischen Heimat.

Pioniergeist versus Freizeit

VALERIA POPOV (26) mit **STEWART HILL** (33), **LEVIN** (4) und **EVANA** (2) | BERLIN SCHÖNEBERG

2013 hat Valeria ein nachhaltiges Kindermodelabel gegründet. Ihre Kinder sind dankbare Testträger. Die Prints auf den Kleidungsstücken stammen aus dem Pinsel von Illustratorin Sarah Neuendorf, »gretasschwester.com«.

Valeria ist in Odessa geboren, als es die Sowjetunion noch gab und in der Stadt am Schwarzen Meer Hosenverbot für Mädchen und Schuluniformen zum Alltag gehörten. Als Valeria mit 13 Jahren nach Berlin kam, empfand sie die neue Vielfalt als Luxus: Von Hardcore Punk bis Lady Chic hat sie alles an- und ausprobiert. Heute kleidet sich die zweifache Mama vor allem pragmatisch. Ihr Stil ist »einfacher und erwachsener geworden. Man muss sich schnell anziehen können.« Zu ihrem Outfit gehört definitiv eine Jacke mit großen Taschen oder, wenn es warm ist, ein Turnbeutel-Rucksack, denn »es ist unglaublich viel Kleinkram, den mir meine Kinder mal kurz zum Halten in die Hand drücken«. In der freien Hand balanciert die Working-Mum meistens einen Kaffee – schwarzes Gold nach kurzen Nächten.

Valerias Mama-Uniform besteht aus schwarzen Jeans und je nach Jahreszeit Boots oder Slippern, dazu Hemd oder Pulli, möglichst monochrom, mit Schmuck als Highlight: Gesteine und Rohmetalle. Pelz kommt der Naturverbundenen nicht in die Tüte. Der macht sich auch weniger gut im Buddelkasten, wo Valeria am liebsten Zeit mit ihren Kindern verbringt. Doch diese Momente sind so rar wie gepflegte Spielplätze in Berlin. Seit Valeria vor zwei Jahren das nachhaltige Kinderlabel MONKIND gegründet hat, entlastet sie Mann Stewart, wo er nur kann. Seine Anstellung als Kundenmanager im Kaffeegroßhandel hat er aufgegeben, damit sich die studierte Designerin in ihrem Traumjob verwirklichen kann. Umso wichtiger ist es für die ganze Familie, dass dieser Traumjob in der Realität Erfolg hat. »Ich habe nach der Geburt von Levin festgestellt, dass es kaum moderne und schlichte Kindermode aus Biostoffen gibt. In der Elternzeit mit Evana haben Stewart und ich einen Businessplan für MONKIND entwickelt.«

Ihre Freundinnen konnten ihr bei diesem Thema nicht helfen. Denn Valeria war mit 22 Jahren die Erste, die im Freundeskreis Kinder bekam. Heute würde sie sich länger Zeit lassen. Denn Zeit ist das, was sich Valeria herbeisehnt, wenn die Kinder sie morgens aus dem Bett schmeißen. Ihr größter Luxus ist heute nicht mehr die Vielfalt, sondern fünf Minuten am Tag mal ganz für sich allein zu haben.

»Ich habe nach der Geburt von Levin festgestellt, dass es kaum moderne und schlichte Kindermode aus Biostoffen gibt.«

Die Popov-Hills sind naturverbunden – und am liebsten mit Hund Yogi (zu schnell für die Kamera) auf den Weiten des Tempelhofer Felds unterwegs.

Der wichtigste Begleiter: die Tasche

Glücklich darf sich schätzen, wer ein gesundes Rückgrat hat – und eine strapazierfähige Tasche. Denn Kinder sind mit mehr als sieben Sachen unterwegs, und Mama, tja, die ist der Gepäckträger.

RUCKSACK-LIEBE:
der Mama-Styleguide-Beutel von MONKIND

Die Kliniktasche

Egal ob das Baby im Winter, Sommer, termingenau oder ganz spontan geboren wird, die erste Tasche im Leben einer Mutter ist die Kliniktasche. Für den Fall, dass der Nachwuchs überpünktlich ist, sollte diese bereits ein paar Wochen vor dem Geburtstermin bestückt werden – und dann griffbereit in der Ecke stehen.

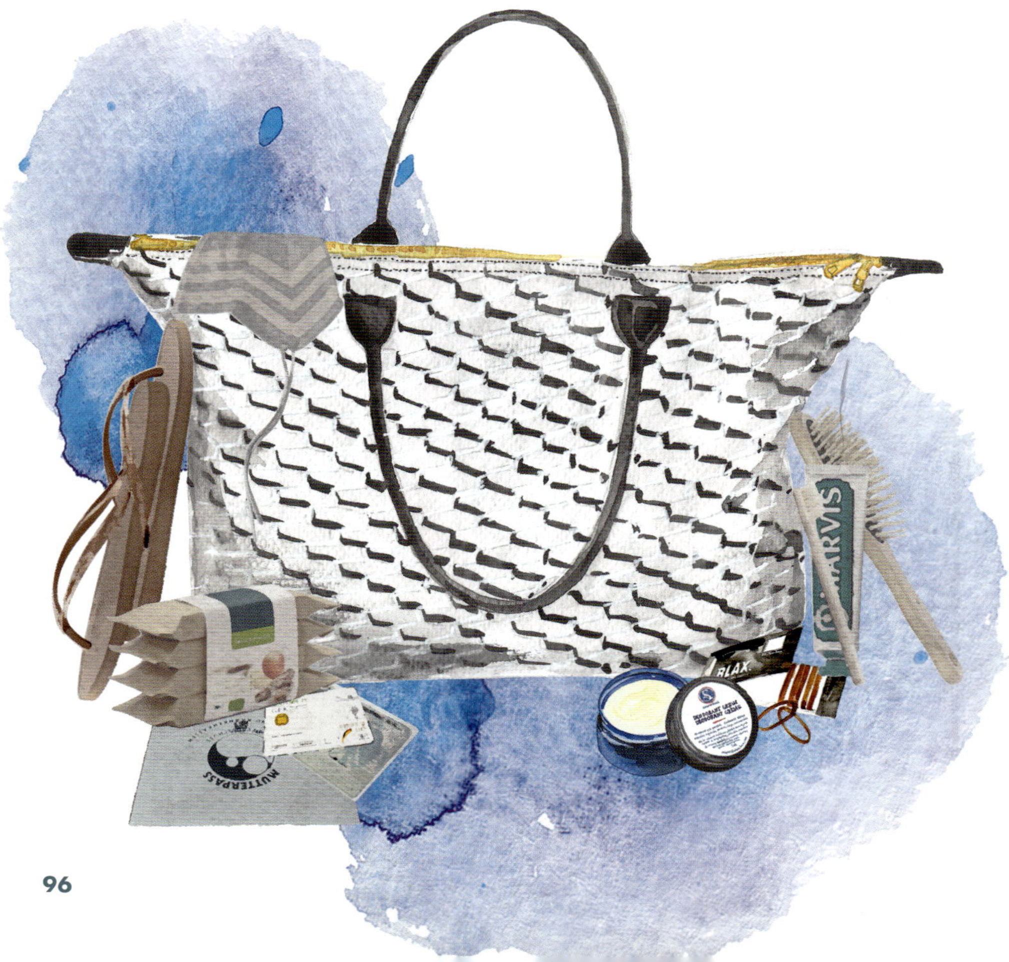

Das muss mit: Für Mama

- Alles, was man auch für einen Kurztrip einpacken würde: Zahnbürste, Zahnpasta, Waschlotion, Creme, Bürste, Haargummis usw.
- Maximal 1 bis 2 bequeme Schlüpfer, denn Unterhosen braucht Frau nicht wirklich, zumindest nicht in den ersten Tagen nach der Geburt. Da gibt es was Feines von der Klinik.
- Das Gleiche gilt für Einlagen und Heilmittelchen. Solange Frau im Krankenhaus weilt, gibt es die per Zimmerservice.
- Badelatschen und dicke Socken. Es soll Frauen – und übrigens auch Männer – geben, die selbst an heißen Sommertagen kalte Füße bekommen.
- Bademantel oder andere bequeme Homewear.
- Stillunterhemden zum Knöpfen und Still-BH (vorausgesetzt Frau möchte stillen).
- Unterlagen wie Ausweis, Krankenkassenkarte und Mutterpass, Familienstammbuch (wenn vorhanden), Heiratsurkunde und Stammbuch, bei unverheirateten Paaren oder Single-Mums: die Geburtsurkunde von Mutter (und Vater), ggf. Vaterschaftsanerkennung, Sorgerechtserklärung.
- Zeitschriften und Bücher können, müssen aber nicht mit. Eigentlich hat man am Anfang sowieso nur den Wunsch, das Kind anzuschauen.
- Was man sicher eher vermisst: das Ladekabel fürs Handy. Also vielleicht ein Zweitkabel anschaffen und gleich in der Tasche deponieren.

Fürs Baby:

- 2 bis 3 Bodys zum seitlich Knöpfen/Wickeln.
  Attention #1: Die Industrie stellt für Neugeborene auch supersüße, superschöne Minibodys her, die über den Kopf gezogen werden müssen. Leider superunpraktisch!
  Attention #2: Gewicht und Größe des Babys beim letzten Ultraschall sind eine Schätzung und können stark abweichen. Größe 50 passt Neugeborenen in den meisten Fällen; Größe 56 sollte man für Zweitgeborene vorsehen (die sind meist etwas umfangreicher). Für Frühchen gibt es Mini-Outfits in 38 oder 44. Die Größenangabe entspricht übrigens der Körperlänge des Babys.
- Für die Heimfahrt im Auto ist eine Babyschale Pflicht, für einen kurzen Heimweg zu Fuß – sofern die Mama schon laufen kann – genügen der Kinderwagen oder eine Babytrage.
- Ausgehmontur (das erste komplette Outfit, mit dem Baby die Klinik/das Geburtshaus verlässt): ein Strampler und je nach Jahreszeit eine weiche Wollstrickjacke, ein Mützchen, Babysöckchen und eine Babydecke.

Für Daddy:

- Snacks & Traubenzucker.
- Ein gutes Deo.
- Und natürlich sein Smartphone (ja, ja: jetzt lacht ihr noch).

Die Babytasche

Auf die Kliniktasche folgt die Wickeltasche, sagt der Volksmund. Wir sagen: NEIN! Denn kaum eine Tasche ist so unnötig wie die Wickeltasche. Windeln, Feuchttücher, Wickelunterlage und Co. finden spielerisch auch in jeder anderen robusten und – gaaanz wichtig – auswaschbaren Tasche oder gar in einem Rucksack Platz.

Das muss mit:

- 2 bis 3 Windeln mindestens: Nichts ist schlimmer als null, nada, niente Windeln und weder andere Mütter noch ein Supermarkt in der Nähe. Blattwerk als Ersatz funktioniert nicht wirklich.
- Feuchttücher: Die können multifunktional auch zum Naseputzen, Hände- oder Tischabwischen eingesetzt werden.
- Wickelunterlage: Auch wenn die Intensität der Geruchsentwicklung noch nicht so hoch ist, die flüssigen Babypoos sind am Anfang eine ganz schöne Sauerei. Die Wickelunterlage schützt also das Baby vorm kalten Boden und den Boden vorm Baby.
- Wechselbody(s): Falls die Kacke mal wieder am Dampfen ist.
- Wundcreme (optional).
  Attention #3: Babys brauchen von Natur aus zunächst erstmal keine Cremes. Die Haut muss nur gesäubert und regelmäßig in frische Windeln verpackt werden.
- Fläschchen (mit Milchpulver).
- Thermoskanne mit warmem Wasser fürs Fläschchen.
- Ergo: Spucktücher.
- Schnulli und Schnullerdöschen.
- Snacks (für Kind und Mutter).
- Lätzchen, am besten abwaschbar zum Beispiel von Marimekko.
- Taschentücher: Die Packung knistert so schön und kann zudem als Mini-Mülleimer missbraucht werden. Aber unbedingt das Klebeetikett entfernen, denn daran können Babys ersticken, wenn sie es verschlucken!
- Das aktuelle Lieblingsspielzeug (wenn dies nicht gerade Taschentücher – siehe oben – sind).
- Sonnenbrille für Mutti (Stichwort: Pandabär).
- Portabler Akku fürs Handy (ohne einen solchen würde ich dieses Buch hier nicht schreiben können – aber das ist eine andere Geschichte).

Die Kleinkindtasche

Wer dachte, die Babytasche sei schon pickepackevoll, der wird sich ganz schön umschauen, wenn er erst die Tasche sieht, die eine Mama mit Kleinkind mit sich herumschleppt: Deren Inhalt ist weitaus chaotischer und nicht immer appetitlich...

Das muss mit:

* (Pixi-)Buch, mindestens eins – richtig schön schlunzig.
* Comic-Heft, mindestens eins – üblicherweise komplett zerfleddert.
* Stifte, viele – meist abgebrochen, teils in ganzer Länge.
* Spiderman – oder andere Heldenfiguren.
* Pflaster – falls die Helden nicht helfen.
* Lunchbox – möglichst verschlossen.
* Lippenstift – für Mama.
* Smartphone und Tablet – beide in wasserabweisender und wurfsicherer Schutzhülle.
* Zugehörige Ladekabel.
* Verknotete Schnürsenkel.
* Verklebter Kaugummi und/oder lose Hustenbonbons.
* LEGO-Teile und/oder Buddelsachen – über die man dann vor Ort allerdings den Überblick behalten sollte.
* Einladung zur Elternversammlung.

Fazit:

Die Anzahl der Dinge, an die man denken sollte, nimmt ab. Die Strapazen, die die Tasche ertragen muss, eher zu.

Teil 2

Mama Mode

»Locker« ist das Wort, das den Stil von Müttern am besten beschreibt. Viele Frauen fühlen sich in Oversized-Blusen oder weiten Pullovern wohler. Jeans werden zum Helden eines Outfits – Seidenblusen zur textilen Herausforderung, die Mütter mit einem neuen Selbstbewusstsein meistern. Denn bei allem Pragmatismus soll Mode doch auch schmeicheln: dem eigenen, neuen Körpergefühl und ein klitzekleines bisschen auch den Augen anderer.

Rennen, radeln, skaten – Saskia absolviert jeden Tag ein sportliches Workout in ihren Outfits – vor allem als mentale und körperliche Stütze für ihre drei Jungs.

Mama-Item
DER BLAZER

Mit dem Blazer verhält es sich folgendermaßen: Manchmal tut er so, als sei er eine Anzugjacke, dabei stammt er doch angeblich von den flammend roten Uniformjacken eines Ruderclubs in Cambridge ab. »To blaze« ist Englisch und bedeutet »lodern«. Seine sportliche Attitüde macht ihn zum perfekten Bestandteil einer Mama-Uniform. Vom Sweater oder Kapuzenpulli unterscheidet sich der Blazer wiederum durch sein feines Gewebe und seine formellen Details: Revers, schöne Knöpfe, hochwertiges Innenfutter. Er veredelt Jeans wie Jogginghose und lässt doch genügend Spielraum und Bewegungsfreiheit. Seit seinen Anfängen haben sich beim Blazer Farbigkeit und Muster vollkommen verändert. Schwarz steht weit oben auf der Beliebtheitsskala, oder Weiß. Außerdem verstehen sich junge Labels, wie beispielsweise Valentine Gauthier, auf wunderbar freche Muster. Die dürfen auch ruhig mal ironisch gemeint sein: In einem Blazer mit auffälligem Karpfenprint kann **Saskia Hilgenberg** schlecht abtauchen, dafür aber umso besser herumtoben.

Fashion-Experte

Nike van Dinther (27) ist Mitbegründerin von »thisisjanewayne.com« und Jane Wayne Consulting sowie Mitgesellschafterin und Head of Shop Acquisition bei einer Shopping-App. Sie lebt mit Sohn Lio (1) und seinem Papa in einem Dachgeschoss in Neukölln und mag an ihrer Arbeit am liebsten das geschriebene Wort.

„Wenn man zwischen Babykotze und Beruf hin und her springen muss, gibt es kaum einen besseren Schummel-Partner als den Blazer – fiese Flecken auf T-Shirt oder Bluse lassen sich darunter in Nullkommanix verstecken, und was schon Königin Victoria trug, poliert sogar das Image unserer ausgelatschten Lieblingsturnschuhe gehörig auf. Ich finde übrigens, beim Material darf man protzen: Samt beispielsweise ist und bleibt erste Sahne."

GROSSE LIEBE:
Umfang-
reiche Jacken
mit großen
Taschen

Mama-Item

BOYFRIEND-JACKE

Der Ursprung des Wortes »Jacke« ist das altfranzösische »jaquee«, mit dem seit dem 14. Jahrhundert ein wattierter Waffenrock bezeichnet wird. Heute gibt es Jacken ohne Ende: Strickjacke, Blouson oder College-Jacke, Parka, Anorak oder Anzug-Jacke, Trachten-Jacke oder Sakko. Ob Baumwolle, Jeans, Leder, Wolle – oder sommerliches Leinen wie bei **Anna Redeker**: Eine Boyfriend-Jacke kann aus verschiedensten Materialien bestehen. Ihre Besonderheit ist, dass sie – wie der Name schon verrät – an einer Frau aussieht, als ob sie die Jacke aus dem Schrank des Freundes stibitzt hätte. Das gute Stück fällt weit, lässig und hat möglichst viele Taschen, innen wie außen. Dort können Geheimwaffen wie Schnuller, Schlüssel, ein paar Münzen oder das Handy untergebracht werden. Es empfiehlt sich sogar noch eine Notwindel am Mann – beziehungsweise in dessen Jacke – zu tragen. Die Crux an einem Rucksack, Turnbeutel oder einer Umhängetasche ist nämlich, dass man sie zusätzlich umschnallen muss. Oder genau das vergisst, wenn die Stilldemenz wieder besonders hart zuschlägt.

Fashion-Experte

Aicha Reh (29) ist Modejournalistin und Mutter von Rosa (2). Aufgewachsen in Algerien und Süd-Hessen, studierte sie an der AMD Hamburg Modejournalismus und Medienkommunikation. Sie arbeitete unter anderem als Redakteurin für SZ-Magazin und Stern. Seit 2015 ist sie Modeleiterin der Magazine NEON und Nido und lebt mit Mann und Kind in Hamburg.

»*Die Boyfriend-Jacke ist in der Schwangerschaft und auch danach das genialste Kleidungsstück für Mamas: Erst hat der Bauch darunter Platz, danach das Kind. Im Notfall kann sie spontan als Decke für mindestens zwei Personen dienen, und niemand wundert sich, wenn sie zerknittert ist. By the way: Sie ist ein klassischer Allrounder. Passt einfach zu allem, ob Hoodie, Hemd oder Blumenkleid. Egal. Außerdem ist sie ein wirklich emanzipiertes Kleidungsstück. Wird's kalt, können wir sie auch unseren Männern anbieten.*«

Den Nike Air Max Thea gibt es auch in Schwarz – die perfekte Classics-Winter-Alternative zu schneeweißen Tretern.

Mama-Item
WEISSE SNEAKER

Stimmt, Absätze machen eine tolle Figur. Aber nicht, wenn man im Spielplatzsand feststeckt, am Klettergerüst hängt oder den Frechdachsen hinterherhechtet. Zu diesen Zwecken sind Sneaker einfach besser geeignet. Als Freizeitschuh proklamiert, helfen sie im Mama-Alltag, unterschiedliche Performances – wie springen, sprinten oder Gewichte stemmen – perfekt zu meistern. Da trifft es sich vorzüglich, dass sich die Modeindustrie gerade wieder auf Klassiker besinnt und so genannte Reissues (dt.: Neuauflagen) alter Modelle wie Nikes Classic Cortez, Air Max (der Schuh von **Anne-Sophie Briest**), Air Jordan oder Adidas Originals Superstar produziert, während die Popularität von Converse oder Vans nicht abreißt. Die bevorzugte Farbe ist Weiß. Wer angesichts dieser Farbwahl jetzt den Zweckmäßigkeits-Zeigefinger hebt, dem sei versichert: Die Nylon- oder Baumwoll-Treter können mittlerweile wirklich zu ALLEM kombiniert werden. Und waschen kann man sie auch!

Fashion-Experte

Anneke Krieglsteiner (36) ist Modejournalistin und Mutter von Pauline (1). Zusammen mit ihrem Mann Leif lebt sie in München. Dort arbeitet sie als stellvertretende Modeleitung der Zeitschrift InStyle und für ihr Blogazin »mytwodots.com«.

„Weiße Sneaker sind ein absoluter Klassiker – wenn sie auch wirklich weiß sind. Ich hätte mir fast ein drittes Paar Adidas Stan Smith gekauft, bevor ich mich entschloss, meine alten bei 30 Grad durch die Waschmaschine zu jagen. Jetzt sehen sie fast wieder aus wie neu. Also mein Rat: Weiße Sneaker dürfen Gebrauchsspuren haben, aber nicht schmuddelig aussehen. Und auch Modelle mit Lederanteil überstehen durchaus einen Waschmaschinen-Gang."

Mama-Item DER SWEATER

Da gibt es nichts zu deuteln: »sweat« bedeutet »schwitzen«. Das Sweatshirt ist also ein »Schwitzhemd« respektive ein Sportpullover und deshalb differenziert zu betrachten. Athletische Wettkämpfe finden im Mama-Alltag nicht statt, vom Gerangel auf Spielplätzen oder im Supermarkt mal abgesehen. Bürgersteige sind Mummys Tartanbahnen. Die geflockte Innenseite eines Sweaters, der nach dem Sport den Schweiß aufnehmen und die Muskulatur wärmen soll, saugt bei Müttern höchstens Angstauswürfe oder Stressschweiß auf. Also auf Sweater verzichten? Auf gar keinen Fall! Denn Sweater sind sportlich und fair zur Bauchzone, weil sie Volumen bieten, wo andere Tops eng anliegen. Sie eignen sich also besonders für diejenigen, die nicht oft zum Sport kommen oder noch ein paar Mummy-Pfunde liebevoll überspielen wollen. Und noch etwas: Wie der »Schwitzpullover« selbst kam auch die Idee, Sweater zu bedrucken, aus den USA. Zuerst waren es die Namen von Colleges und Universitäten. Mittlerweile sind es auch klare Statements, die Trägerinnen wie **Katha Schinkinger** einen knackigen Auftritt erlauben.

Fashion-Experte

Ines Thömel (35) hat sechs paar Hände. Sie ist freie Mode- und Beautyredakteurin (unter anderem für Gala und Madame), Mutter von Hugo (6) und Bauherrin in der Hamburger Hafencity. Mit den restlichen Fingern tippt Ines regelmäßig ihren Blog »www.mumnmore.de«.

„Nichts pimpt einen Look so schnell auf wie ein Statement-Sweater. Außerdem regt er zur Kommunikation an. Ich habe auch so einen fröhlichen und unbeschwerten Pullover, übersät mit Smileys. Darauf werde ich jedes Mal angesprochen. Oder zumindest angelächelt. Und mal ganz ehrlich: Bei den ganzen schlaflosen Nächten, dem ewigen Hin- und Hergesprinte zwischen Job und Kindergarten wollen wir doch manchmal nur eins – Spaß!!!"

Katha macht regelmäßig Yoga. Ihren Sweater und die Metallic-Shorts vom Wiener Peng Shop trägt sie aber auch bei der Arbeit.

TASCHEN-LIEBE:

Unikat statt Masse, das hat Klasse

Mama-Item
CROSSBODYBAG

»Crossbody« klingt stark: nach einem neuen Fitnesswahnsinn oder nach irgendetwas mit Ganzkörpertraining oder Hanteln stemmen. Da irritiert nur der Zusatz »bag«. Eine Tasche also: aber kein aufgepumptes Chauvi-Teil, sondern eher eine ganz clevere, äußerst anhängliche. Mit »crossbody« ist das Umhängen quer über den Körper gemeint. So hat Frau dann tatsächlich die Hände frei – für Hanteln oder was auch immer. Beliebte Minimodelle wie die Half-moon von APC, die Trio von Céline, die Drew von Chloé, die Disco Bag Soho von Gucci, die klassische 2.55 von Chanel oder eben Individualisten-Taschen, wie die Beara Beara von **Melanie-Jasmin Jeske**, halten zwar nur Essentials wie Handy, Schlüssel, Ausweis, Kreditkarte und Lippenstift bereit – und auch mal eine Windel –, dafür vermitteln sie der Trägerin ein Gefühl von Freiheit. Und im Vergleich zu einem monströsen »Schmeiß alles rein«-Sack sind sie ein Zeichen dafür, dass Mama organisiert ist – oder einfach starke Nerven hat.

Fashion-Experte

Anneke Krieglsteiner (36) ist Modejournalistin und Mutter von Pauline (1). Zusammen mit ihrem Mann Leif lebt sie in München. Dort arbeitet sie als stellvertretende Modeleitung der Zeitschrift InStyle und für ihr Blogazin »mytwodots.com«.

„In welche Taschenform ich immer wieder Geld investieren würde? Definitiv und ausschließlich in Crossbodybags (in kleiner oder mittlerer Größe). Mich persönlich nervt dieses ständige Gewühle in Shoppern oder Beuteltaschen. Wichtig: Der Schulterriemen sollte lang genug sein. Nicht jede Tasche kann zu einer Crossbodybag umfunktioniert werden. Die Tasche sollte immer auf Hüfthöhe enden. Ansonsten sieht es gequetscht und gedrungen aus."

Mama-Item
DER MAXIROCK

Wie das Wort schon sagt: Maxiröcke, wie der von **Barbara Franzreb**, sind maximal lang. Aus Jersey oder Wollstrick sind sie auch maximal bequem und maximal schmeichelhaft. Wie geschaffen also als Lieblingsteil für Schwangere – wäre da nicht der Bund, der auf der nicht vorhandenen Taille sitzt. Findige Bauchträgerinnen ziehen ihre Röcke deshalb einfach dorthin, wo sich die schmalste Stelle während der Schwangerschaft befindet, nämlich auf »Empire-Höhe« unterhalb der Brust. Der Maxirock landet damit genau dort, wo er als kleine Schwester des Maxikleids historisch hingehört. Man denke an die Gewänder griechischer Göttinnen – lang und unterhalb der Brust geschnürt. Auf die Antike folgten Jahrtausende mit Leibchen und Miedern. Erst um 1800 rutschte die Taille wieder nach oben und wurde dann prompt auch nach dem »Britischen Empire« benannt. Die Herzogin von York, Friederike von Preußen, befand sich derzeit »in anderen Umständen«. Und wir wissen ja, welche Strahlkraft von royalen Modevorbildern ausgeht …

Fashion-Experte

Nicola König (34) ist Modejournalistin, arbeitet für verschiedene Magazine und Blogs und lebt mit ihrem Mann und Sohn Emil August (1) in Hamburg. In ihrem Online-Shop »hitbringsel.de« verkauft sie ausgefallene Kinder- und Living-Accessoires kleiner Labels, die sie auf Städtereisen weltweit ausfindig macht.

„Maxiröcke sind grandios! Vor allem für Schwangere, weil sie den Bauch schön betonen und trotzdem Taille schaffen. Ich hätte als Schwangere auch gerne einen getragen, das war mir aber nicht vergönnt. Ich war mit einer täglichen »Dosis« Stützstrumpf gesegnet, und die hätten darunter ziemlich unsexy ausgesehen. Jetzt, wo Emil ein Jahr alt ist, habe ich entdeckt, dass der Maxirock noch eine Funktion hat: Er ist ein tragbares Kindertipi. Emil liebt es, sich unter den Stoffmassen zu verstecken."

Die Leo-Espandrilles von La Palmerie sind perfekt zum schnellen Reinschlupfen.

BASIC-LIEBE:

Weiße, graue, schwarze Shirts forever!

Mama-Item
DAS T-SHIRT

Die Geschichte des T-Shirts gleicht der vom Tellerwäscher zum Superstar – »made in Hollywood« eben. Die Heimat des T-Shirts ist jedoch Großbritannien, der ursprüngliche Nutzen ungewiss: Das »T« soll für »Tea« stehen und das Tea-Shirt angeblich beim Teeservieren zum Einsatz gekommen sein. Andere behaupten, die kurzen Ärmel, die es vom Tanktop unterscheidet, seien dem T-förmigen Hemd um 1900 hinzugefügt worden – nach einer Inspektion der Royal Navy durch Königin Victoria. However, salonfähig wurde das weiße Leibchen erst in den 1960er-Jahren, als es sich »sanfte Rebellen« wie Marlon Brando oder James Dean in Kassenschlagern vom Leibe rissen. Das ehemalige Unterhemd hatte es geschafft: Als Unisex-Teil stieg es zur Ikone der Popkultur auf. Es eignet sich zum Feiern, Schlafen, Arbeiten – perfekt mit Blazer drüber – und spielt heutzutage nicht nur in **Saskia Borcherts** Kleiderkino eine Rolle mit sehr unterschiedlichen Facetten.

Fashion-Experte

Nicola König (34) ist Modejournalistin, arbeitet für verschiedene Magazine und Blogs und lebt mit ihrem Mann und Sohn Emil August (1) in Hamburg. In ihrem Online-Shop »hitbringsel.de« verkauft sie ausgefallene Kinder- und Living-Accessoires kleiner Labels, die sie auf Städtereisen weltweit ausfindig macht.

“ Ich liebe T-Shirts, ich liebe Prints, ich liebe Grau. Das Tolle an den Dingern ist, sie sind leicht waschbar, trocknergeeignet, und ruckzuck ist man wenn auch nicht unbedingt für die Oscarverleihung, aber zumindest ordentlich angezogen. Ich kombiniere meine T-Shirt-Kollektion am liebsten zu High-Waist-Jeans und einem Cardigan. Damit komme ich überallhin! ”

Mama-Item

DAS MINI-ME-OUTFIT

Mal ehrlich: Alle Eltern versuchen in den Gesichtern ihrer Kinder ein Stück von sich selbst zu entdecken. Manchmal ist das eindeutig, manchmal erspäht man Ähnlichkeiten wenigstens an den Fingern oder Zehen. Egal, wie sehr oder wie wenig uns die Kleinen gleichen, ein Miniature-Outfit, wie das von **Shanay Hall** und Iyla, erzeugt ein Gefühl der Zusammengehörigkeit, in dem Moment, in dem wir es uns und den Minis überstreifen. Das merken auch die Kids. Und die Hersteller. Mini-Me-Outfits verkaufen sich gut. Dabei muss die Kleine-Ich-Version nicht einmal nur für ein bestimmtes Geschlecht geeignet sein. Jacken, Tücher, Longsleeves, Jeans oder Sneaker können schließlich alle tragen. Und selbst Newcomer wie das mexikanische Label Santa Lupita haben Kleider, Hemden und Blusen in den gleichen traditionellen Mustern für Groß und Klein im Programm. Kurzum: Die Auswahl ist so bunt, dass fast schon egal ist, wessen Augenfarbe der Nachwuchs hat.

Fashion-Experte

Nathalie von Gordon (39) arbeitet als freie Moderedakteurin und Stylistin in Hamburg. Dort lebt sie mit ihrem Mann Felix und ihrem dreijährigen Sohn Leonard, der bald ein Brüderchen bekommt.

„Mode im Doppelpack: Was mit dem Gatten verpönt und spießig ist, kann man mit narzisstischer Selbstverständlichkeit bei seinem kleinen Liebling ausleben. Oder ist es eher so, dass das Kind uns Große beeinflusst? Mein Sohn und ich platschen zumindest liebend gerne mit den gleichen quietschgelben Regenjacken durch Hamburgs Pfützen …"

FOLKLORE-LIEBE:
Stickereien für Groß und Klein

Als gelernte Modedesignerin hat die 1 Meter 83 große Andrea ein Händchen für Farbharmonien und eines für Tochter Milla.

Mama-Item

DER MUSTERMIX

Mütter und Muster, das passt prima zusammen, findet nicht nur **Andrea Potocki**, denn zu bunt, das wird es nervenerprobten Mamas nur selten. Trotzdem, es gibt ein paar Regeln, mit denen es gelingt, beim Mustermixen einen klaren Kopf zu bewahren. Erstens: Karos, Streifen und Punkte lassen sich besser mit anderen grafischen Mustern mixen als untereinander. Besonders beliebt ist die Kombination aus Querstreifen und romantischen Blumen. Eine Ausnahme sind Zweiteiler mit demselben Muster. Die können sportlich aussehen oder mit ein paar schicken Schuhen auch sehr flott. Zweitens: Wer in der gleichen Farbwelt bleibt, der riskiert kein modisches Fiasko. Drittens: Wer maximal zwei verschiedene Muster kombiniert, auch nicht. Tipp für alle Muster-Mutigen: Unifarbene Accessoires dazu beruhigen den Look. Im Klartext: Mustermix sollte man üben – oder den Experten von Etro oder Pucci überlassen.

Fashion-Experte

Tanya Neufeld (42) ist Modebloggerin und Mutter von Noah (5). Aufgewachsen in Bonn, Paris und den USA, studierte sie Schauspiel. Mittlerweile arbeitet sie als Autorin und Kolumnistin und schreibt den Blog »luciemarshall.com«. Sie lebt in Berlin.

“Seit ich Mutter bin, besitze ich kein Kleidungsstück mehr ohne Flecken. Die Gallseife ist mein bester Freund. Tatsächlich beschenkt mich mein Sohn aber nicht nur mit lustigen Lebensmitteldots, sondern inspiriert mich tatsächlich auch. An Mustermix habe ich mich lange nicht so richtig herangewagt, bis er anfing, sich selbst anzuziehen, und Kombinationen wählte, auf die ich nie im Leben gekommen wäre. Seitdem gilt auch für mich: Je gemixter, desto besser! Und von Flecken lenken die Muster auch ab.”

Mama-Item
DER HUT

Ob Hut oder Obhut, der Wortstamm ist der gleiche, hat seinen Ursprung im Mittelhochdeutschen und bedeutet Decke oder Schutz. Er fügt sich wundersamerweise perfekt in die Welt von Müttern ein. Sie sind »Hüterinnen«, und sie lassen die wichtigsten Funktionen einer Kopfbedeckung, den Schutz vor Kälte, Nässe oder Sonnenstrahlen, dem Baby angedeihen – in Form einer Mütze. Für modeaffine Muttis wie **Hong Dao Thi** ist der Hut dagegen eher ein willkommenes »Haarversteck«. Denn es gibt einfach zu viele Tage, an denen es an Zeit und Muße für die Haarpflege und für eine ordentliche Frisur mangelt. Die bevorzugten Modelle sind Fedoras – schlicht und sachlich. Sie erinnern uns an Humphrey Bogart oder Cary Grant und haben wenig mit dem Chichi weiblicher Kopfbedeckungen auf Pferderennbahnen zu tun. Übrigens, auch Tücher, Kappen, Mützen oder Turbane kommen an schlechten Haartagen zum Einsatz. Und wer weiß, vielleicht entdeckt die Mode ja auch bald wieder die Abendkleider mit Kapuzen, wie sie Anfang der 1970er-Jahre aufkamen. Dann ist es nicht so tragisch, wenn die Zeit mal wieder nicht zum Haaremachen reicht.

Fashion-Experte

Britta Scheibner (31) wohnt, lebt und liebt in Berlin Neukölln. Neben dem Studium jobbte sie bei Vero Moda und stieg dort anschließend zur Shopmanagerin auf. Dann kamen der Mann, die Katze, das Kind, Elternzeit und ein neuer Job im Einkauf für ONLY.

„Hüte sind meine Lieblings-Essentials – schon vor der Mama-Zeit, und seitdem erst recht! Sie machen was her – auch wenn das restliche Outfit noch so simpel ist. Außerdem sind sie das beste Gegenmittel bei Keine-Zeit-fürs-Haar-Machen im morgendlichen Kita-Arbeitsstress. Ich bin der Meinung, dass es für jede Gesichtsform mindestens ein passendes Hutmodell gibt. Meine zehn Lieblinge decken die dunkle Farbpalette ab, den Raffaello-Effekt überlasse ich lieber anderen."

Seit 2014 leitet Hong das »Quà Phê« in Berlin Mitte. Der Kaffee schmeckt dort einfach besser als zu Hause.

JEANS-LIEBE:
Denim all day, all over!

Mama-Item

DAS JEANSHEMD

Wenn in der kurzlebigen Modewelt etwas für Beständigkeit, ja sogar Unverwüstlichkeit steht, dann das Jeanshemd.

Kein Wunder, hat Denim doch seinen Ursprung in der Arbeitskleidung von Goldgräbern, Farmern und Cowboys. In Sachen Coolness hängt das Jeanshemd Generationen experimenteller Tops ab. Alle paar Jahre kommt es zum Showdown, jeweils mit neuen Protagonisten.

Mal ist es angesagt, mal verpönt, Jeans mit Jeans zu kombinieren. Heute kräht kein Hahn mehr danach. Warum sich die blauen Blusen ausgerechnet für den wilden Mama-Alltag eignen? Weil ein Jeanshemd, wie das von **Marta Greber**, eines der wenigen Teile ist, die verwaschen verwegener aussehen!

Fashion-Experte

Nathalie von Gordon (39) arbeitet als freie Moderedakteurin und Stylistin in Hamburg. Dort lebt sie mit ihrem Mann Felix und ihrem dreijährigen Sohn Leonard, der bald ein Brüderchen bekommt.

„Ich liebe weiße Blusen! Allerdings sehen die nur ohne Rotze, Tomatensoße oder ›Auf-den-Arm-nehm-Knitter‹ richtig gut aus! Also habe ich alle in die Leo-freie Ecke meines Kleiderschrankes verbannt und trage in Anwesenheit meines Sohnes nur noch die robuste Variante: das Jeanshemd."

Vormittags Marketing-Leitung, nachmittags Entertainerin: Sandras Sequoia-Tasche fasst die jeweils passende Ausstattung.

Mama-Item
OVERSIZED-TASCHE

Seit einiger Zeit begegnen sie uns in Fußgängerzonen ebenso wie auf Spielplätzen: die Taschen-Titanen, hinter denen Trägerinnen wie **Sandra Chociwska** kaum auszumachen sind. Karl Lagerfeld schoss 2013 den Vogel ab, als er ein Model mit einer Hula-Hoop-Reifen-Version auf den Laufsteg schickte. Das war ein modischer Scherz, den sich nicht mal die verrückte Lady Gaga oder Anna Dello Russo zu eigen machten. Nennen wir es »Big-Bag-Theorie« – und -Praxis. Theoretisch machen riesige Taschen überall Sinn. Weil sie so überdimensional sind, lassen sie die Trägerin kleiner und auch zierlicher erscheinen, ein Trompe-l'œil. All die Satchels, Hobo-, Messenger- und Weekender-Bags hätten eigentlich ausgedient, denn in eine Oversized-Tasche passt schließlich der halbe Haushalt rein – und sogar das Kind, das nicht mehr laufen mag. Nur Mamas Rücken, der landet dann am Ende der Theorie in der Praxis. Also bitte Oversized-Taschen, so verquer das jetzt klingen mag, nur für Kleinteiliges nutzen.

Fashion-Experte

Ariane Lindhorst (38) ist freie Stylistin in Düsseldorf und weiß, was Models, aber auch Müttern am besten steht. Ihr Sohn Lennox ist fünf Jahre alt, und seit ihrer Heirat ist Ariane als Mehrfach-Mama erprobt.

» Die XL-Tasche ist das treueste Accessoire einer Mutter. Erst braucht man sie als Wickeltasche, dann für Essen, Trinken und Co. und später dann als Sammelstelle für Sandspielzeug, Steine, Stöcke und was sonst noch so vom Boden aufgelesen werden muss. Mein persönlicher Favorit ist die Reversible Tote von Calvin Klein. Die begleitet mich jetzt zwar erst seit einem Jahr. Das macht sie aber sehr gut! «

Mama-Item

DER BODYSUIT

Der Bodysuit ist ein ausgebufftes Ding. Sein Ganzkörper-Konzept verhindert, dass er verrutscht – vor allem nicht nach oben, wenn das Leben mal wieder Kopf steht. Diesen Nutzen hat der in den 1980er-Jahren zur Berühmtheit gewordene Bodysuit schlichtweg von seinen Schwestern – Turn- und Badeanzug – abgespickt. Weil keine Lücke zwischen Oberteil und Höschen entstehen kann, schützen Bodys auch vor Zugluft in der Nierengegend. Knöpfe im Schritt sorgen für ein Easy-Handling. Es gibt Modelle mit langen Ärmeln und Stehkragen oder Blusenbodys mit weiter geschnittenem Oberteil. Der Einteiler geht also drunter und drüber. Und er bietet im Grunde genommen die erste Mini-Me-Option. Denn Babys entdecken schließlich im Body die Welt. Das ist alles schön und gut. Auch wenn Mamas wie **Nada Lottermann** alles tragen können – dass Mama mit einem Body ihre geliebte Boyfriend-Jeans tragen kann, ohne den Allerwertesten öffentlich zur Schau zu stellen, das ist an Zweckmäßigkeit kaum zu überbieten.

Fashion-Experte

Tanya Neufeld (42) ist Modebloggerin und Mutter von Noah (5). Aufgewachsen in Bonn, Paris und den USA, studierte sie Schauspiel. Mittlerweile arbeitet sie als Autorin und Kolumnistin und schreibt den Blog »luciemarshall.com«. Sie lebt in Berlin.

„Der Bodysuit! Mit dem stand ich schon in den 80er-Jahren auf Kriegsfuß. Kinderlos. Es ist zwar schön, wenn nichts verrutscht, aber mich hat er immer gezwickt. Und aufs Klo gehen? Albtraum. Das ist nicht ›muttikompatibel‹. Aber wie heißt es so schön: ›You always meet twice in life.‹ Vielleicht gebe ich ihm nochmal eine zweite Chance. Die Verarbeitungstechniken haben sich in 30 Jahren hoffentlich geändert. Und Badeanzüge liebe ich ja schließlich auch …“

Bei Nada muss nicht immer alles nur praktisch sein. Kein Problem, wenn Frau nicht nur Mama-, sondern auch Modelqualitäten hat.

SELBST-LIEBE:
Mutter Courage und die Eleganz im Alltag

Mama-Item

DAS SCHLAUCHKLEID

Ein Schlauchkleid wie das von **Vanessa Fuentes** kennt keinen ungünstigen Zeitpunkt und keinen unpassenden Anlass, wenn man es mit Würde trägt. Denn die klassische Körperhülle funktioniert immer, auch bei unterschiedlichster Körperfülle. Das Geheimnis seiner figurbetonten und dennoch ungeheuer bequemen Passform ist ein Anteil Elasthan: eine leichte, gummiartige Faser mit hoher Festigkeit und Formbeständigkeit. Genug gefachsimpelt: Leicht, weich, glatt, schnörkellos und absolut formbar – in ein Schlauchkleid passt ein schmaler Körper ebenso wie ein kugelrunder Schwangerschaftsbauch. Auch wenn sich die äußeren Umstände ändern und durch die Kombination mit Boots oder Pumps, Parka oder Trench – das klassische Schlauchkleid begleitet uns über Jahre hinweg durch Höhen und Tiefen. Ein weiter, offener Mantel oder eine Strickjacke darüber ist ein schöner Kontrast und verleiht eine perfekte Silhouette. Man ist fast verleitet, ihm zu danken. Wie einer guten Freundin …

Fashion-Experte

Alexandra Kruse (37) ist Modejournalistin, Stylistin und Mutter von Sohn Kosmo Maria Silvester (3). Aufgewachsen in Gütersloh, studierte sie an der AMD in Hamburg. Nach Stationen bei Elle Girl und Annabelle arbeitet sie heute selbstständig und lebt mit ihrem Partner David Suivez in Zürich.

„Nichts eignet sich besser, wenn man seine Weiblichkeit spüren will, als ein seeehr schmales Kleid. Um den Kim-Kardashian-Presswurst-Effekt zu vermeiden, muss das Kleid schlicht passen, egal welche Nummer im Etikett steht. Es muss an den richtigen Stellen, nämlich an Schulter, Brust und Busen, anliegen, darf aber nicht spannen. Ansonsten macht man es wie alle Hollywoodstars und zieht ein paar anständige Spanx drunter – und schon hat man das unbeschreiblich gute Gefühl, dass alles wieder da ist, wo es hingehört. Ganz ohne Rückbildungskurs!“

Mama-Item

DAS LATZKLEID

Ursprünglich war die Latzhose typisch für Männer im Arbeitermilieu. Farmer und Landarbeiter schützten so ihre Jeans vor dem Verrutschen und hatten zudem noch Stauraum in den Brusttaschen. Heute hat die Latzhose ein Imageproblem. So wirklich männlich findet sie niemand mehr. Und selbst wenn Frauen sie tragen, spaltet sie die Gemüter. Es gibt jedoch eine findige Mutation, die gerade den Trendvogel abschießt: das Latzkleid. Als rotzfreches Outfit für rebellische Girls oder als superbequeme körpernahe Variante für werdende Mütter. Darunter wahlweise Blusen, Sweater oder Shirts. Latzkleider sind weniger förmlich, machen jedoch eine prima Figur. Bei kleinem Bauchumfang – wie bei **Sarah Gottschalk** – funktionieren lange die normalen Jeans-Latzkleider mit Stretchanteil. Voraussetzung: Sie sind nicht zu kurz. Denn der Bauch »frisst« ein paar Zentimeter Rocklänge. Reifere Damen – ob schwanger oder nicht – sollten sich genau überlegen, ob ein Latzkleid ihrem Stil entspricht: Einen jugendlichen Retrocharme versprüht es, egal was man dazu kombiniert.

Fashion-Experte

Nike van Dinther (27) ist Mitbegründerin von »thisisjanewayne.com« und Jane Wayne Consulting sowie Mitgesellschafterin und Head of Shop Acquisition bei einer Shopping-App. Sie lebt mit Sohn Lio (1) und seinem Papa in einem Dachgeschoss in Neukölln und mag an ihrer Arbeit am liebsten das geschriebene Wort.

„Das Jeanskleid ist ein ziemlich robuster Fels in der Modebrandung – geht immer, passt immer und ist wandelbar wie ein Flaschengeist. Mit Foulard getragen, wirkt es ›très parisienne‹, zu schlichten weißen Sneakern skandinavisch-schön, Budapester plus Socken dazu erinnern uns an Alexa Chung, camelfarbene Mäntel sind zu Denim-Stoffen sowieso ein Traum, und im Herbst: Rollkragen drunter anziehen und das 70er-Jahre-Revival feiern."

LATZ-LIEBE:

Eine findige Hosen-Alternative

Mama-Item
FLATFORM-SANDALE

Mogelpackungen sind selten sexy. Man erhält weniger, als einem suggeriert wird. Bei Blockabsätzen, Plateaus, so genannten Flatforms (siehe **Simone Galstaun**) oder Creepers mit Kreppsohle ist das anders. Sie alle verfolgen das gleiche Ziel: Die Trägerin wird auf ein kleines Podest gestellt und wirkt nicht nur, sondern ist auch faktisch um ein paar Zentimeter größer. Das schmeichelt der Silhouette und ist im Vergleich zu hohen Hacken ungemein nützlich – solange man es mit der Höhe nicht übertreibt. Ab etwa fünf Zentimetern wird es wackelig. Doch diese Einschränkungen beeindrucken nicht jeden: Eigentlich ein Relikt aus den 1960er-Jahren – manche behaupten sogar, die Teile gehörten in die Abteilung Schuhorthopädie –, erlebte die Sohle während der Techno-Ära einen neuen Höhepunkt. Mit bis zu zehn Zentimeter hohem durchgehendem Block unterm Schuh. Man denke nur an die Jünger von Sven Väth oder, ganz kommerziell, an die Spice-Girls. Verrückt! Da loben wir uns doch die heutige dezente Flatform-Variante, mit der Frau sicher durchs Leben manövriert.

Fashion-Experte

Britta Scheibner (31) wohnt, lebt und liebt in Berlin-Neukölln. Neben dem Studium jobbte sie bei Vero Moda und stieg dort anschließend zur Shopmanagerin auf. Dann kamen der Mann, die Katze, das Kind, Elternzeit und ein neuer Job im Einkauf für ONLY.

„Plateausohlen gingen für mich lange gar nicht, sie erinnerten mich eigentlich nur an längst vergangene Techno-Zeiten – seit ein paar Jahren liebe ich sie. Das ist das Gute bei Trends: Es muss nur genügend Zeit vergehen, dann kommt der nächste Peak. Plateaus sind auch die einzigen »hohen« Schuhe, die ich trage. Man läuft auf ihnen den ganzen Tag, ohne Fußschmerzen zu erleiden und ohne in der Rolltreppe hängen zu bleiben! Mit Buggy oder gar Kind an der Hand wäre das besonders fatal."

Man mag es kaum glauben, Simones Allrounder-Sommersandalen sind von Deichmann.

Mama-Item
DIE JOGGINGHOSE

Eine Hose ist eine Hose ist eine Hose? Eben nicht. »Wer eine Jogginghose trägt, der hat die Kontrolle über sein Leben verloren«, behauptet Modekaiser Karl Lagerfeld über unser allerallerbequemstes Beinkleidmodell. Das sieht in Wirklichkeit anders aus: Neuestens begegnen einem Jogginghosen-Modelle auf der Straße oder auf Streetstyle-Bildern im Netz. Meistens in Kombination mit Pumps, die sollen der Hose mit sportlicher Historie etwas Glamour verleihen. **Lilija Meier** weiß, im Mama-Alltag funktioniert das auch mit einem adretten Top, einem Blazer oder Mantel darüber. So wunderbar, dass selbst der Modekaiser seine Meinung geändert zu haben scheint. Im Winter 2014 schickte er für Chanel babyrosa Sweatpants über den Laufsteg. Aus Kaschmir. Kombiniert mit einem langen Mantel und Turnschuhen. Letztere sind ungemein hilfreich, um Bodenhaftung und damit die Kontrolle über das Leben zu bewahren.

Fashion-Experte

Alexandra Kruse (37) ist Modejournalistin, Stylistin und Mutter von Sohn Kosmo Maria Silvester (3). Aufgewachsen in Gütersloh, studierte sie an der AMD in Hamburg. Nach Stationen bei Elle Girl und Annabelle arbeitet sie heute selbstständig und lebt mit ihrem Partner David Suivez in Zürich.

„Ganz ehrlich, hätte man mich vor fünf Jahren gefragt, ich hätte ohne mit der Wimper zu zucken eine Unterschriftensammlung veranlasst und einen Anti-Jogginghosen-Fundraiser gegründet. Aber Kinder verändern alles!!! Vor allem die Perspektive. Mein Tipp für alle Mamas, die den Bequem-Look lieben: Nehmt eine, die Form gibt, aus nicht zu dickem Material besteht und an den Fesseln etwas schmaler geschnitten ist. Dazu ein hübsches Oberteil, Bluse oder Blazer – und schon ist der Look definitiv zu schade, um zu Hause abzuhängen."

COSY-LIEBE:
Die perfekte Wohlfühl-hose

KLEIDER-LIEBE:
Auf das Material kommt es an

Mama-Item

DAS JERSEYDRESS

Jersey ist ein dehnbarer Begriff. Was klingt wie einer dieser fancy Kindernamen – vergleiche Brittany, Sidney, Houston, Dakota, Austin und so weiter –, ist tatsächlich eine britische Insel im Ärmelkanal näher an Frankreich als an England gelegen. Nach ihr benannt ist einer der beliebtesten Mama-Stoffe. Geschmeidig, flexibel, atmungsaktiv und vor allem trocknertauglich, kann Jersey aus Baumwolle, Seide, Cupro oder Viskose (die Seide der Mütter) gestrickt oder gewebt sein. Neben unseren Spannbettlaken entstehen aus dem elastischen Stoff auch Kleider wie das von **Sissi Rasche**, die jeden Heckmeck mitmachen: das Auf und Ab auf der Mama-Waage ebenso wie die Sprünge, die der Alltag mit Kindern so mit sich bringt. Zum Stillen benötigt das Kleid Knöpfe, damit Frau nicht nackt in der Öffentlichkeit sitzt. Kleine Frauen sollten darauf achten, dass das Kleid die Knie umspielt oder bodenlang ist – das streckt. Für große Frauen gilt der Umkehrschluss: Ist das Kleid sehr kurz, scheinen die Beine im Verhältnis zum Oberkörper unverhältnismäßig lang. Fazit: Die KniElänge ist eigentlich immer die richtige – und damit fast so ein Allroundtalent wie der Jersey selbst.

Fashion-Experte

Ines Thömel (35) hat sechs paar Hände. Sie ist freie Mode- und Beautyredakteurin (unter anderem für Gala und Madame), Mutter von Hugo (6) und Bauherrin in der Hamburger Hafencity. Mit den restlichen Fingern tippt Ines regelmäßig ihren Blog »www.mumnmore.de«.

„Knielang ist das neue Mini: Denn kaum eine Bewegung macht man mit Kids öfter, als sich zu bücken. Und dabei möchte man sich weder umständlich verrenken noch beäugt fühlen oder den frischen Wind am Hintern spüren. Ein lässiger Schnitt oder ein angenehmer Stoff wie zum Beispiel Seidenjersey werten die Durchschnittslänge auf. In Kombination mit bequemen Sneakern ist das Kleid mein Favorit: zwanglos und für Mums mehr als alltagstauglich!"

Mama-Item
DIE INTIMATES

Intimates sind wie gute Freunde – immer nah bei einem und doch ganz unaufdringlich. Sie kennen die Schwachstellen und lassen einen so sein, wie man gern sein möchte, sie fungieren im Hintergrund, verleihen Halt und Haltung. **Ulla Killing** weiß, dass eine Frau, die Dessous trägt, viel aufrechter durchs Leben geht. Sie tut es für sich, weil sie sich gut darin fühlt. In einem hübschen Höschen und Bra – nicht zwangsweise ein Set –, im Sweater oder Schlafshirt mit Slip, aber auch in einem Hängerchen, das sich schnell überwerfen lässt und an manchen Tagen gar nicht vom Körper weicht. Die Wäsche braucht keinen großen Auftritt, muss nicht immer verführen, sondern erfüllt ihren Zweck, durch das, was sie ist: ein Hauch von nichts. L'art pour l'art – die Wäsche um der Wäsche willen. Und damit sind nicht die möglichst funktionalen und schnöden Schlüppis gemeint, sondern ganz besondere Teile, die dem Körper und dem sich stetig verändernden Körperbewusstsein einer Mutter-Frau schmeicheln.

Fashion-Experte

Ariane Lindhorst (38) ist freie Stylistin in Düsseldorf und weiß, was Models, aber auch Müttern am besten steht. Ihr Sohn Lennox ist fünf Jahre alt, und seit ihrer Heirat ist Ariane als Mehrfach-Mama erprobt.

„Es gibt diese Tage, an denen kommt man einfach nicht aus dem Pyjama oder dem Nachthemd heraus! Kein Problem, mit dem entsprechenden Surrounding wie etwa einem Longcardigan kann man damit sogar würdevoll vor die Haustür treten. Frei nach dem Motto: Lieber atemberaubend als atmungsaktiv. Wirklich unvergessen bleibt jedoch der Moment, wenn man endlich wieder in die ›Vor-Mama-Wäsche‹ passt – der ist so einzigartig wie ein gut sitzender BH."

Es gibt diese Tage, an denen Schlafshirt und Slip oder auch das Hängerchen gar nicht vom Körper weichen wollen – auch bei der Dreifach-Mama Ulla.

Den schwarz-weißen Turnbeutel hat Valeria selbst entworfen und in verschiedenen Größen genäht, weil es so unglaublich viel Kleinkram ist, den ihr die Kinder zum Halten in die Hand drücken.

Mama-Item
DER TURNBEUTEL

Die Anatomie des Menschen lässt ihn Lasten auf dem Rücken besser ertragen als auf den Armen. Deshalb hat uns die Geschichte den Rucksack geschenkt. Zunächst verstauten nur Soldaten, Pfadfinder und Schulpioniere ihre Utensilien darin. Tornister sagte man damals – was so steif klingt, wie es die lederbespannten Holzrahmen auch waren. Moderne Rucksäcke verfügen über ausgeklügelte Tragesysteme. Neben den Platzhirschen gibt es Hersteller wie Sandqvist, die in ihrer cleanen Zurückhaltung verstehen, worauf es modernen Stadtnomaden ankommt. Was Mamas wie **Valeria Popov** jedoch mindestens genauso intensiv nutzen, sind Turnbeutel. Die Säcke aus Polyester und Nylon sind darauf ausgelegt, das Trainingszeug zu transportieren. Wasserdicht und atmungsaktiv schützen die Vorreiter unter den Gym-Säcken ihren Inhalt bei Regen vor dem Durchnässen – und die Umwelt vor den Ausdünstungen. Und easy (ab)waschbar sind sie allemal.

Fashion-Experte

Aicha Reh (29) ist Modejournalistin und Mutter von Rosa (2). Aufgewachsen in Algerien und Süd-Hessen, studierte sie an der AMD Hamburg Modejournalismus und Medienkommunikation. Sie arbeitete unter anderem als Redakteurin für SZ-Magazin und Stern. Seit 2015 ist sie Modeleiterin der Magazine NEON und Nido und lebt mit Mann und Kind in Hamburg.

“Seit meine Tochter geboren ist, schleppe ich nur noch Stoff-Turnbeutel durch die Gegend. Darin: Wechselbody, Windeln, Wasserflasche, Schäufelchen, Teddy, die neue Nido, mein Hermès-Parfum und meine bequemen Tod's-Treter – wenn mal wieder Wechselschuh-Wetter ist. Gut, dass man die Dinger waschen kann. Aber das Ass im Ärmel ist und bleibt, dass man die Hände frei hat, obwohl einen der halbe Haushalt begleitet.”

KLEIDERSCHRANK-*Check*

Die Investition in folgende Kleidungsstücke lohnt sich, weil sie auch nach der Schwangerschaft noch gut aussehen und im Mama-Alltag optimal einsetzbar sind. Sie zu kombinieren, ist den persönlichen Präferenzen überlassen. Um Stil zu haben, muss man nicht viel über Mode wissen, aber ein oder zwei Dinge über sich selbst.

Jogginghose (S. 136), in der man sich auch auf die Straße traut.

Maxirock (S. 114), den man auch über dem Kugelbauch tragen kann, so dass das Ganze aussieht wie ein Empire-Kleid.

Lässige *Boyfriend-Jeans*, die auf der Hüfte sitzt und mit dem Haargummitrick (S. 148) schwangerschaftstauglich wird.

Blickdichte *Leggings/Strumpfhosen* mit Baucheinsatz.

Lange Tops oder *Topverlängerung* in Form eines Hüft-Tubes zum Beispiel von Kidneykaren.

Shirts, Blusen, Kleider mit *Knopfleiste* – die erleichtert das Stillen.

Oversize-Tops, in denen der Bauch Platz hat. Die »Mini-Zelte« kann man später auch gut zum Stillen verwenden.

Ein weiter *Sweater* (S. 110), am besten mit Gute-Laune-Aufdruck.

Long-Cardigan, möglichst mit Taschen.

Oversized **Hemdbluse** oder **Jeanshemd** (S. 125).

Latzkleid oder **Latzhose** (S. 132), die Retro-Alternative zur Umstandshose mit Baucheinsatz.

Schlauchkleid (S. 131), weil es so herrlich den Kugelbauch betont und besonders bequem ist.

Sommer-Muttis: mindestens ein **Maxikleid,** körpernah oder walle-walle – nach Belieben.

Winter-Muttis: weite **Boyfriend-Jacke** (S. 107) (Trench, Parka oder Wolle), die trotz Bauchvolumen vorne noch geschlossen werden kann und möglichst viele Taschen hat.

Sport-BH – um die Schwangerschaft in den ersten Wochen zu kaschieren. Das Erste, was wächst, sind nämlich die Brüste.

Still-BH oder ein Halbschalen-BH, den man leicht runterklappen kann (beide ein bis zwei Nummern größer als vor der Schwangerschaft), für die letzten Wochen und die Monate danach.

Ein großes **Baumwolltuch,** zum Beispiel von neunmaldrei und Hauptstadtmutti, das man als Schal tragen und beim Stillen einfach über die Schulter werfen kann.

Kuschelsocken gegen kalte Füße.

Slip-on-Schuhe wie Espandrilles, Loafer, Birkenstock und Badelatschen, in die man leicht rein- und wieder rauskommt, wenn die Füße dick sind oder das Baby später in der Trage am Körper hängt.

Mama ist eine Schönheit
8 SCHNELLE HELFER

Beauty-Experte

Ariane Stippa, gelernte Make-up-Artistin, bloggt seit 2011 auf »primerand lacquer.com« in internationale Mode- und Beautyherzen. Gemeinsam mit Freund Rainer Metz, Stylist und Illustrator, und Tochter Luca (2) lebt sie in Berlin Kreuzberg. Dort schafft sie den Balanceakt, Mama, Freelancer, Freundin und Frau zu sein. Kein leichtes Unterfangen. Deshalb kennt Ari auch all die schnellen Helfer, die uns Mamas und »Mums-To-Be« ein gutes Gefühl geben und in wenigen Minuten die Zeichen einer schlaflosen Nacht oder einer stressigen Arbeitswoche kaschieren.

1

BABY BALM VON POT OF GOLD

Ein Baby-Balsam ohne ätherische Öle oder chemische Zusatzstoffe ist ein echter Allrounder – perfekt für die tägliche Feuchtigkeitspflege, als Popo-Creme, Schutz vor Wind und Wetter, als Massagecreme für alle Beteiligten, für Mamas geplagte Nippel, zur Vorbeugung gegen Dehnungsstreifen und, und, und. Eine kleine Menge genügt!

2

CREME-ROUGE DESIRED GLOW VON KJAER WEIS

Der Vorteil eines Creme-Rouge? Es kann mit den Fingern auf Wangen und Schläfen (oder zur Not auch auf Lippen) aufgetragen werden, falls der Pinsel mal wieder in die Spielzeugkiste gewandert ist. Man sieht quasi im Handumdrehen frischer aus.

3

ALUMINIUMFREIES DEODORANT VON AESOP

Aluminiumsalze haben es schwer. Sie stehen im Verdacht, die Entstehung von Brustkrebs oder Alzheimer zu begünstigen. Deshalb am besten noch vor der geruchsverrückten Schwangerschaft auf ein aluminiumfreies Deo umsteigen. Wenn dieses dann auch noch einen prägnanten, etwas herberen Duft hat und als Unisex-Deo benutzt werden kann, ist im Schrank plötzlich mehr Platz für Babyprodukte.

CONCEALER TUNKAL VON UND GRETEL

Konstanter Schlafmangel macht Ari auch zwei Jahre nach der Geburt ihrer Tochter noch zu schaffen. Für alle, die ihre Ringe lieber am Finger tragen: Concealer unter den Augen, den Brauenbogen, um die Nasenflügel und im inneren Augenwinkel auftragen, einklopfen. Danach sieht man zumindest wach aus.

4

ROTER LIPPENSTIFT STRIKE IT UP VON ILIA BEAUTY

Roter Lippenstift ist ein Klassiker und ein echter Teufelskerl. Wenn der Ton zum Hauttyp passt, lässt er uns in Nullkommanichts frisch und sittsam aussehen. Es muss ja nicht immer nur für den Abend sein, rote Lippen sehen auch tagsüber zum simplen T-Shirt toll aus!

5

6

REISSFESTE HAARGUMMIS VON BLAX

Haargummis sind Mamas flexible Freunde. Zum einen gibt es da diesen Trick mit dem Haargummi als Brücke zwischen Knopf und Loch bei zu engen Hosen. Und nach der Schwangerschaft, wenn die Hosen wieder perfekt passen, finden die Gummis in den meisten Fällen zu ihrem ursprünglichen Einsatzort zurück: Babyfreundliche Langhaarfrisuren wie Zopf oder ein »Duttissimo«, ein beachtenswert hoher Dutt, sind ideal. So haben die Kleinen keine Chance, bei Mama Hand anzulegen – wenn schon »messy«, dann »mummy-made«.

5-FREE NAIL LACQUER VON INTENSAE

Nagellacke, die ohne schädliche Inhaltsstoffe wie Formaldehyd auskommen, kann man auch in der Schwangerschaft und Stillzeit ohne Bedenken verwenden. Aris ultimativer Geheimtipp ist ein schöner Nude-Ton, denn der lässt die Nägel immer gepflegt aussehen, auch wenn mal wieder keine Zeit für eine professionelle Maniküre ist.

7

8

TROCKEN-SHAMPOO VON KLORANE

Es klingt paradox, ist aber eine Wunderwaffe: Trocken-Shampoo! Das haarsprayähnliche Shampoo aus der Dose macht fettigen Ansätzen den Garaus, das Haar lässt sich leichter stylen. Trocken-Shampoo verwenden übrigens auch die französischen Frauen für ihren unwiderstehlichen »Je ne sais quoi«-Look ... Na ja, um eine regelmäßige Haarwäsche kommt man dennoch nicht herum.

Mamas Welt

Teil 3

Bettflucht und Mondscheinarbeit, mehr fürs Kind als für sich selbst shoppen, von zu Hause aus, am Boden und im nächsten Moment wieder im Wolkenkuckucksheim sein, viel Zeit zusammen verbringen, wenig für sich haben, eine anstrengende Klette, ohne die man nicht sein will, Wechselbad der Gefühle mit Höhenflügen und Tiefschlägen, Quatsch machen, Harakiri, Rambazamba, Pipifaxen bis zum Abwinken, kurz vor peng sein und dann doch Friede, Freude, Eierkuchen. Menschenskinder, das sind WIR!

12 Tätigkeiten, mit denen Mütter die meiste Zeit verbringen:

Mamas ticken anders – und Kinder erst recht. Auch wenn die Uhr meist nur Staffage ist, es gibt Dinge, mit denen Mütter ungemein viel Zeit verbringen. Und Latte Macchiato trinken gehört nicht unbedingt dazu.

1. Kinderwagen schieben

Kaum ist das erste Ultraschallbild ausgedruckt, gibt es im Leben der Eltern keine Frage, die mit so großer Inbrunst diskutiert wird wie die Anschaffung des Kinderwagens: gut, der Name des Babys vielleicht. Aber der Kinderwagen ist und bleibt nun mal der wichtigste Begleiter für das erste Jahr – und als Buggy umfunktioniert sogar darüber hinaus.

Ganz abgesehen von dieser entscheidenden Funktion gibt es Kinderwagen in allen nur erdenklichen Farben, Formen und Ausstattungsvarianten mit entsprechend unterschiedlichen Preisen. Also ergibt sich reichlich Diskussionsstoff und die Feststellung: Eine ganz und gar glücklich machende Lösung, das heißt einen Wagen, der allen Eltern- und Umwelt-Ansprüchen gerecht wird, gibt es nicht. In sauberen Gegenden eignen sich Luftreifen eher als auf den von Scherben gepflasterten Straßen eines Partykiezes, auf Waldwegen benötigt man eine andere Federung als auf Asphalt, hat man ein Auto, ist die Frage, ob und wie schnell man das Gefährt im Kofferraum verstauen kann, von nicht geringer Bedeutung – um nur ein paar Denkansätze zu nennen. Klar ist: Ob gebraucht oder fabrikneu, man sollte dem Babymobil Zeit geben, sich von Verpackungsgerüchen oder denen der Vorbesitzer zu befreien.

Ein Kinderwagen ist ein Bettchen auf vier Rädern, in dem die Kleinen sehr viel Zeit verbringen. Er ist außerdem Essplatz, Hochsitz und Hochsicherheitstrakt, etwa wenn man Geschwister ins Auto verfrachten muss. Es gibt Babys, die legen gesteigerten Wert darauf, in Bewegung zu sein. Morgens, mittags, abends, ja sogar nachts sieht man Eltern mit den Wagen durch die Straßen schleichen. Und manchmal dient der rüstige Gefährte einfach nur dazu, Pakete zur Post und Einkäufe nach Hause zu karren, während das Kind längst in der Kita weilt. Doch bis die goldenen Kita-Zeiten erreicht sind, muss noch einiges geregelt werden. Zunächst einmal zurück in den Alltag, zu einem neuen Tagesablauf und vielleicht auch zur alten Figur. Bisherige Kontakte wollen gehalten, neue geschmiedet werden. Wer Kinder hat, der fragt: »Wollen wir 'ne Runde schieben?«

2. Besuche beim Kinderarzt

Kinderkrankheiten sind wie kleine Diebe: Sie schleichen sich heimlich ein, vorzugsweise in einer unruhigen Nacht, und rauben nicht nur Zeit, sondern allen Beteiligten auch den letzten Nerv. Die meisten grauen Haare wachsen einem nicht wegen der vielen kleinen Stolperer – dafür gibt es Arnika-Globuli, Jod und Pflaster –, nein, es sind die fiesen Infekte, die das Kind und manchmal auch die komplette Familie lahmlegen. Wegen ihres noch nicht voll ausgebildeten Immunsystems fangen Kinder flott ein, was es an Keimen da draußen so zu holen gibt. Gerade im ersten Kita-Jahr, wenn man denkt, man hätte wieder mehr Zeit für sich oder für den Job, steigt die Ansteckungsgefahr – und in gleichem Maße die Wut im Bauch von so manchen Arbeit- oder Auftraggebern. Die Eltern absolvieren ganz nebenbei ein kleines, aber zeitintensives Medizinstudium, um die Symptome von Mittelohr- und Bindehautentzündung, Bronchitis, Grippe oder der Hand-Fuß-Mund-Krankheit schließlich im Schlaf erkennen zu können. Was man aber vor allem lernt: Gelassenheit. Damit gerüstet, kann selbst das vermaledeite Dreitagefieber, das sich erst am dritten Tag durch einen Ausschlag als solches bemerkbar macht, den Eltern nichts mehr anhaben. Im fürsorglichen Deutschland gibt es außer den akuten Krankheiten einen weiteren guten Grund, zum Kinderarzt zu tuckern: das 1991 in allen Bundesländern einheitlich eingeführte Programm zur Früherkennung von Gesundheitsstörungen. Diese so genannten »U-Untersuchungen« beginnen kurz nach der Geburt und werden bis zum sechsten Lebensjahr durchgeführt. Sie sind wichtig, sind allerdings mit regelmäßigen Terminen beim Kinderarzt verbunden, auch wenn das kleine Menschlein völlig gesund ist. Da hilft kein Jammern und kein Klagen: Wer nicht mehr Zeit im Warte- als im eigenen Wohnzimmer verbringen möchte, dem bleibt die Möglichkeit, mit dem Kinderwagen eine Runde um den Block zu schieben.

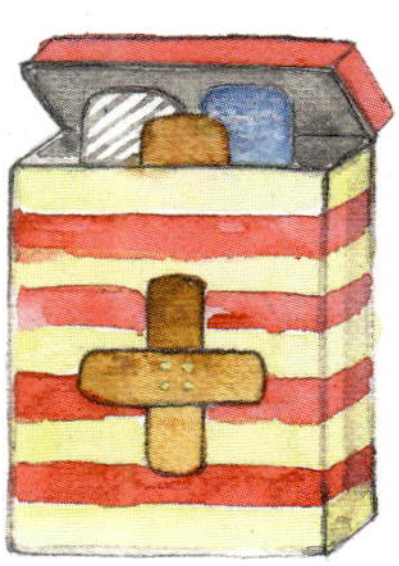

3. Aufräumen

Die liebe »Ordnung« passt in viele Schubladen: Beiseiteschieber, Animierer oder die Reinlichkeit in Person. Egal wie, auch Mamas Kleiderschrank muss nach der einen oder anderen Schwangerschaft ordentlich entstaubt werden.

Styling-Experte

Maren Assmus (36) mit **Henry** (3) und **Marla** (10 Monate)

Die gelernte Couture-Schneiderin arbeitet seit zehn Jahren als selbstständige Stylistin. Nach der Geburt ihres zweiten Babys, Marla (10 Monate), hat sie eine Businessidee verwirklicht, die ihr am Herzen lag: »your-personal-stylist.com«. Maren berät speziell Mamas in Sachen Mode, hilft beim Ausmisten des Kleiderschranks und Neu-Kombinieren liebgewonnener Teile.

Wie kamst du auf diese Geschäftsidee?

Auslöser war, dass ich in verschiedenen Bereichen Erfahrungen gemacht habe. Zum einen style ich seit über zehn Jahren Models und Darsteller für Fashion-Shootings und Werbedrehs. Zum anderen weiß ich genau, wie es sich anfühlt, von der Mutter-Rolle zurück in den Beruf zu wechseln. Es ist eine sehr sensible Zeit, in der ich Frauen gerne begleiten möchte. Besonders nach meiner zweiten Schwangerschaft habe ich gemerkt, dass es sich mies anfühlt, wenn man eine alte Jeans im Schrank hängen hat, die überhaupt nicht mehr passt. Es geht mir darum, Muttersein als Stärke zu betrachten, also das, was ich durch das Muttersein dazugelernt habe, auch in meinem Stil sichtbar zu machen.

Wie hat sich dein Stil verändert, seit du Mama bist?

Er ist anders geworden, ganz anders. In den Schwangerschaften habe ich sehr viel gefuttert. Irgendwie fand ich es spannend, mal eine andere Figur zu haben. Das legte sich dann schnell, als ich nach der Schwangerschaft merkte, dass ich ganz schön verbeult aussah. Die Silhouette meiner Klamotten ist eindeutig weiter geworden. Bauch einziehen ist ja nicht. Ich denke mir, dann dauert es halt noch etwas, bis ich den wieder herzeigen kann, aber bis dahin will ich entspannt damit umgehen können. Mein Stil ist klarer und natürlich auch etwas erwachsener geworden. Ich habe viel weniger im Schrank.

Auf welches Kleidungsstück kannst du als Mutter nicht mehr verzichten?

Wenn ich schnell von etwas Kindertauglichem auf Arbeits-Look umstellen muss, habe ich meist ein gut sitzendes Jackett dabei. Damit kann man ein Outfit leicht aufwerten. Eine hochwertige Handtasche, in der ich alles schnell finde, ist auch ein Muss. Und da fällt mir noch meine »No-Baby-Time«-Bluse ein. Die ist weiß und aus einem besonders feinen Material. Ich trage sie nicht so oft, aber wenn dann mit High Heels.

Wie wichtig ist dir beruflicher Erfolg?

Unabhängigkeit ist mir sehr wichtig.

Wie viel Zeit investierst du morgens, um das richtige Outfit zu finden?

Gefühlte fünf Minuten. Ich bin mehr damit beschäftigt, meine Kleidung zu reinigen und auf Vordermann zu bringen, da ich einfach weniger besitze und meine Lieblingsteile schnell wieder einsetzen will.

Was sollte jede Mutter im Schrank haben?

Eine weite Bluse oder ein Hemd.

Nenne mal eine typische Mama-Styling-Falle.

Versuche dich nicht in etwas reinzupressen, was nicht mehr (zu dir) passt.

Und wie bringst du die Frauen dazu loszulassen?

Ich begleite sie. Bei so einem Kleiderschrank-Check kommt viel an die Oberfläche, was die Frauen bewegt. Ich lasse ihnen Zeit und Raum zur Entwicklung, gebe aber immer wieder positive Impulse, die sie zum Nachdenken anregen.

Was macht besonderen Stil für dich aus?

Wenn eine Frau das, was sie trägt, mit Überzeugung trägt.

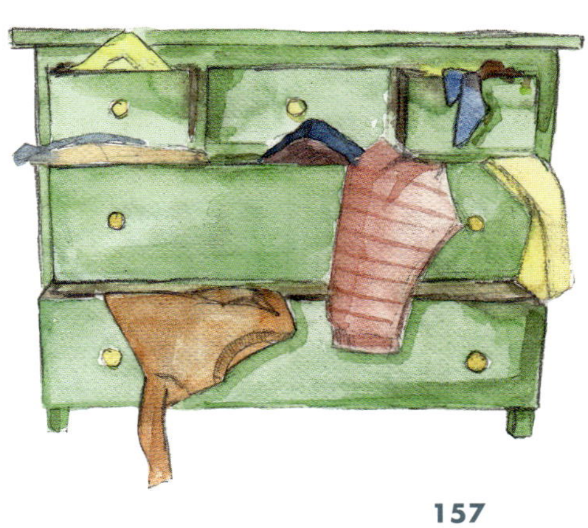

4. Hausarbeit

Kinder LIEBEN Hausarbeit! Kehrbesen, Staubsauger, Wäscheklammern, Kochtöpfe: Alles ist fein, furios und faszinierend. Die Minis saugen die nötigen Bewegungen und Abläufe geradezu auf, indem sie uns ständig beobachten – und uns dann auch entsprechend imitieren. Das ist mehr als süß und lässt jedes Mutterherz überschäumen vor Glück. Nur die Arbeit erledigt sich dabei keineswegs von selbst. Erst recht nicht, wenn die Kleinen darauf bestehen mitzumachen. Wer keinen Mini-Staubsauger, Zwerg-Rasenmäher, Baby-Besen oder sonstige XS-Utensilien anschaffen möchte, dem bleibt nichts anderes übrig, als die Kinder in die Erwachsenenwelt miteinzubeziehen. Das macht sie mächtig stolz, heißt aber auch, dass man mal wieder eine Waschladung mehr Zeit einplanen muss.

5. Beruf: selbstständig

Wenn man seine Zeit frei einteilen kann, gewinnt man ein Stückchen Freiheit. Das funktioniert bei vielen Eltern wunderbar. Vor allem wenn die Betreuungszeiten geregelt sind und sich daraus klar abgegrenzte Arbeitszeiten ergeben. In Anwesenheit der Kinder (bei Krankheit, im ersten Babyjahr oder am Wochenende) wird diese Freiheit jedoch auf genau die Zeit reduziert, in der das Kind schläft. »Das mache ich, sobald das Kind schläft« ist das neue »Ich arbeite selbst und ständig«. Und sind die Kinder krank, gilt: Nicht jede oder jeder Selbstständige erhält von seiner Krankenkasse Unterstützung. Das Krankengeld entspricht außerdem nicht dem tatsächlichen Lohn, sondern beträgt nur etwa 70 Prozent von diesem. Zehn Tage Krankengeld pro Kalenderjahr und pro krankem Kind stehen jedem selbstständig arbeitenden Elternteil zu. Nicht mit einberechnet: verpasste Kundengespräche oder verstrichene Deadlines – und die bedeuten bei Freiberuflern meist, dass Geld flöten geht.

6. Beruf: Festanstellung

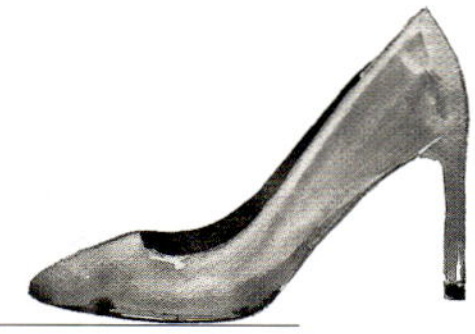

Festangestellte Eltern haben einen Riesenvorteil gegenüber vielen Selbstständigen. Wenn die Kinder krank werden, haben sie Anspruch auf bis zu fünf Tage Lohnfortzahlung. Manchmal wird allerdings erwartet, dass man zu Hause arbeitet. Das ist fortschrittlich, Folgendes weniger: Arbeitsstellen, bei denen Wert auf Kleiderordnung gelegt wird, also die Hosenanzug- und Kostümbranchen dieser Welt. Für Mütter, die ihr Kind tagsüber sehen und erleben wollen, ein textiler Drahtseilakt. Zwischen Frühstück, Kindergarten/Schule und dem Bürotisch kann alles passieren: Marmelade, Pfützen, Stolpersteine. Da hilft es ungemein, ein Wechseloutfit im Office zu deponieren inklusive schnieker Schuhe unter dem Schreibtisch.

7. Tätigkeiten am Boden

Mama sein ist eine Achterbahnfahrt. Emotionalen Höhenflügen stehen etliche Stunden am Boden der Tatsachen gegenüber – und damit meine ich den Fußboden. Das halbe Leben verlagert sich dorthin: denn hier wird gespielt, gewischt, aufgeräumt. Und das nicht nur zu Hause. Auch bei Freunden oder im Kindercafé wird gebuckelt, was das Zeug hält. Kein Wunder also, dass das Wort »locker« den Kleidungsstil von Müttern meist am besten trifft. Frau kann in Oversize-Blusen, Shirts, Pullovern und bequemen Hosen einfach besser am Boden herumwurschteln.

8. Sport

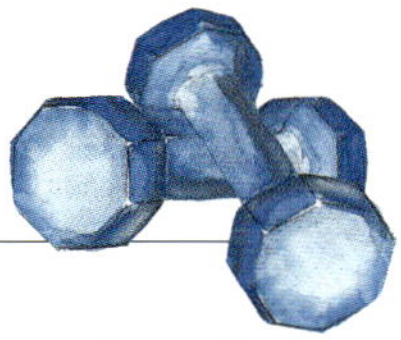

Kinderkriegen verändert nicht alles, aber oftmals genug, um den Sport als Energiespender und Möglichkeit, Dampf abzulassen, lieben zu lernen.

Sport-Experte

Jiske van Eeghen (36), **Willem van Eeghen** (37) und **Foeke** (5), **Boet** (3), **Siem** (1)

Jiske ist Holländerin, Sportskanone und unglaublich mitreißend. Die Dreifach-Mama liebt es, in Bewegung zu sein. Im Alter von elf Jahren fing sie an, regelmäßig Tennis und Hockey zu spielen, und war mit 28 Jahren Mitglied der ersten Hockey-Liga Amsterdams. Ski fahren, schwimmen, Marathon laufen, das macht Jiske so nebenbei. Ihre drei Söhne hat sie alle ohne Schmerzmittel geboren, obwohl jedes Baby mehr als vier Kilogramm auf die Waage brachte. Doch auch eine Hardcore-Mama ist nicht vor Fehlern gefeit: »Während meiner ersten Schwangerschaft bin ich viel geschwommen und bis zur 22. Woche regelmäßig gejoggt. Nach der Geburt fühlte ich mich so gut, dass ich nach sechs Wochen gleich wieder losgesprintet bin. Es folgte ein 16-Kilometer-Lauf nach nur drei Monaten. Das war ein Fehler. Denn bei Schwangerschaft Nummer zwei – ein Jahr nach der ersten – streikte der Beckenboden. Also hieß es, schwimmen und die Füße still halten. Nach der dritten Schwangerschaft war die Instabilität am schlimmsten.« Jammern ist nicht Jiskes Ding, sie suchte sich einen anderen sportlichen Ausgleich: Workouts im Freien mit anderen Müttern und Schwangeren und dem Ziel, Rumpfmuskeln und den Beckenboden zu stärken. Heute ist Jiske Trainerin genau solcher Workouts bei »Mom-in-Balance«, und sie hat gerade wieder an einem Marathon teilgenommen.

Zwei ultimative Übungen für Schwangere und frischgebackene Mamas:

Squat

Squat bedeutet »hocken« und ist optimal, um selbst mit kugelrundem Babybauch Bein- und Pomuskeln zu trainieren. Wenn man die Arme dabei mitbewegt – das heißt gestreckt hochhält, sobald man in die Hocke geht –, wird auch der Rumpf trainiert.

Ausführung:

Die Füße stehen in Hüftbreite, die Fersen gerade hinter den Zehen. Beuge deine Hüften und Knie. Der Po geht nach hinten und nach unten (als wenn man sich auf einen imaginären Stuhl setzt). Strecke danach deine Knie und Hüften wieder, die Arme gehen dabei nach unten.

Ausführung:

Dein Oberkörper wird mit gestreckten Armen angehoben, deine Hände liegen auf Schulterbreite am Boden. Streck deine Hüften und stelle deine Füße auf Hüftbreite, so dass dein Rücken wie eine schräg verlaufende Bank aussieht. Behalte diese Haltung 30 Sekunden bis zu einer Minute lang. Als Variation kannst du dich in alle Richtungen drehen. Zur Seite öffnen (seitlicher Plank) oder den Bauch nach oben nehmen (umgedrehter Plank) – Hauptsache, der Körper bildet eine Linie und ist hart wie ein Brett.

Plank

»Plank« ist Englisch und bedeutet »Brett«. Bei dieser Übung werden alle Muskeln trainiert, die die Wirbelsäule stabilisieren: die Bauchmuskeln sowie die Muskeln am unteren Rücken und damit auch das Becken.

9. Einkaufen

Man muss nicht Adam Riese heißen, um ausrechnen zu können, dass selbst eine klitzekleine Person mehr im Haushalt Auswirkungen auf die Menge der notwendigen Einkäufe hat. Die Herausforderung ist eine andere: mehr einzukaufen und dabei weniger Bewegungsfreiheit zu haben. Ein Kunststück vollbringt, wer einen Kinderwagen plus Einkaufskorb elegant durch Supermarktgänge bugsiert. Und wenn man endlich vollbepackt an der Kasse steht, heißt es die Nerven bewahren: Wird es glimpflich ausgehen und das Kind nicht vollkommen ausflippen, während man bezahlt? Egal ob Neugeborenes oder Kleinkind, wenn Mutti die Hände an den Tüten hat, kann sie nicht mal mehr den kleinen Finger reichen. Da hilft nur, sich fix auf das Einpacken zu konzentrieren und das Mini-Menschlein ausbruchssicher unterzubringen: im Tragesystem, Buggy oder Einkaufswagen. Denn ist der Zwerg erst einmal über alle Berge, ist es die wartende Meute hinter einem, die anfängt zu schreien.

10. Autofahren

Kinder lieben es, in Bewegung zu sein. Trotzdem kommt es im rollenden Auto oder Kinderwagen vor, dass Babys schreien. Das liegt dann meist an der Übermacht dringlicher Bedürfnisse wie Hunger oder Schlaf.

Die eigentliche logistische Herausforderung beginnt zwischen dem ersten und zweiten Lebensjahr. Sind die Minis erst einmal aus dem Babymobil herausgewachsen, locken unzählige Möglichkeiten: Kisten im Rad oder Sitze am Rad, eigene Räder mit zwei oder drei Rollen, Autos für Minis und Mini-Autos oder Bretter, auch am Buggy – Hauptsache nicht vor dem Kopf. Denn mit Kindern unterwegs zu sein, erfordert nicht nur eine möglichst komplette »Spezialausrüstung«, sondern auch 200-prozentige Aufmerksamkeit, die man nicht nur auf die Kids, sondern auch auf den Verkehr richten sollte. Und hier kommt Mamas neuer bester Freund ins Spiel: der Kaffee. Für die belächelte Latte-Macchiato-Mutter kann das schwarze Gold tatsächlich Lebensretter sein. Eine völlig übermüdete Mutti am Steuer – das ist ungeheuer unverantwortlich. Denn während sie sich auf den Verkehr konzentriert, muss ihre Aufmerksamkeit auch nach hinten gerichtet sein, wo die Kleinen im Auto- oder Fahrradsitz ungeahnte Spielmöglichkeiten finden und sich intensiv etwa mit dem Inhalt von Mamas Tasche beschäftigen: So ein quietschroter Dior-Lippenstift zieht magisch an und lässt sich aus dem Gesicht tatsächlich noch besser entfernen als aus Autositzbezügen.

Ergo: Beim »Was-auch-immer-Fahren« bitte unbedingt mit allem rechnen, mit der eigenen Reizüberflutung ebenso wie mit der Unachtsamkeit der anderen und der Kreativität der eigenen Kinder.

11. Spielplatzbesuch

Wer einen Kinderspielplatz in unberührter Schönheit erleben möchte, der muss diesen in der Woche vormittags besuchen. Nachmittags und am Wochenende tobt hier der Bär. Und obwohl die Wahrscheinlichkeit eines Autounfalls gen null tendiert, ist der Spielplatz doch ein raues Pflaster. Manch ein Klettergerüst-Architekt scheint entweder kinderlos, nie mit den Seinigen unterwegs oder ein Glücksritter zu sein. Viele Konstruktionen sind abenteuerlich. Bei einer fünf Meter hohen Hängebrücke fällt Mama jedenfalls das Herz in die Hose – egal, ob sie die ganze Nummer von unten aus betrachtet oder todesmutig mit in den Seilen hängt. Fest steht: Bei Letzterem verringern enge Röcke und Schuhe mit Hacken die Überlebenschance!

12. Reisen

Babys sind leicht zu tragen, schlafen viel, kosten wenig, besuchen weder Kita noch Schule und sind in Sachen Ernährung noch wenig anspruchsvoll. Kaum eine Zeit eignet sich also so gut zum Reisen wie das erste Lebensjahr.

Reise-Experte

Katja Hentschel (36) mit Atlas (1)

Katja fotografiert leidenschaftlich gern. Schreiben kann sie auch. Als sich herausstellte, dass sich durch das Bloggen ihre Reiseleidenschaft finanzieren lässt, gab es kein Halten mehr. Das Reisenetzwerk »travelettes.net« ging 2009 an den Start. Und weil man unterwegs entdeckte Trends online am besten festhalten kann, folgten der Modeblog »glamcanyon« und die Lifestyle-Plattform »glowbus.de« – alle mit Fokus auf weiblichen Interessen. 2014 startete die Single-Mum ein »analoges Projekt«: Sohn Atlas hat mit seinem einen Jahr bereits zwölf Länder bereist und die Kosmopolitin um viele neue Erfahrungen bereichert. Reisen mit Baby – das geht!

Wie alt war Atlas bei seinem ersten Flug?

Als er fünf Wochen alt war, ging es nach Kroatien für drei Tage. Generell würde ich eher davon abraten, mit Kindern unter drei Monaten zu reisen, aber damals war es unvermeidlich. Zum Glück ist alles gut gegangen.

Erkundigst du dich vorher über die Gegebenheiten im Land?

Mit Baby bereise ich nur Länder, die ich schon kenne. Dann weiß ich in etwa, was uns erwartet. Gerade bei Ländern wie Indien, Kambodscha oder Bolivien bin ich vorsichtig. Bei langen Reisen lese ich im Netz nach, welche Orte günstig sind für Babys, und natürlich erfahre ich auch viel durch Empfehlungen von Bekannten.

Was ist mit Impfungen und Arztterminen?

Die »U's« haben wir bislang alle wie vorgesehen absolvieren können, manche Impfungen mussten aufgeschoben werden. Mittlerweile hat Atlas aber die wichtigen Impfungen alle bekommen. Übrigens, die Angst vor Krankheiten beim Reisen wird in meinen Augen völlig überbewertet. In einem normalen Berliner Winter, am besten noch im ersten Jahr in der Kita, wird man mit hundertmal mehr Keimen konfrontiert und die Gefahr, krank zu werden, ist deutlich größer als auf einer kleinen Pazifikinsel.

Was braucht man auf jeden Fall beim Reisen mit Kind?

Ganz ehrlich? Man muss vor allem entspannt sein. Wer es schafft, der Reise und sämtlichen Umständen positiv gegenüberzutreten, wird eine grandiose Zeit verleben. Praktische Dinge kann man natürlich auch vorbereiten, das ist aber von Baby zu Baby ganz verschieden. Für meinen Sohn hab ich immer gern dasselbe Reisebett dabei und das Buch, das wir jeden Abend lesen. Alles andere passe ich den Umständen an.

Mit wie vielen Koffern reist du?

Mit einem oder mit einem Rucksack, den ich im Buggy verstaue, wenn Atlas in der Trage ist. Ich versuche, mich auf das Wesentliche zu konzentrieren, was mit Baby zwar nicht immer leicht ist, aber durchaus funktioniert.

Wie sieht dein perfektes Reiseoutfit aus?

Eine luftige Bluse mit schönem Druck, eine kurze, locker sitzende Shorts und flache, elegante Lederballerinas oder Sandalen. Abhängig vom Reiseziel dazu eine gut geschnittene Jeansjacke oder ein sportlicher Blazer. Kurzum: etwas, das bequem, aber gleichzeitig modisch ist, Flecken verträgt und das man einfach kombinieren kann.

Der schönste Ort auf Erden …

… sind die Malediven. Mein absoluter Geheimtipp für eine Reise mit Kind. Ich konnte mir keinen besseren Ort vorstellen, um Atlas' ersten Geburtstag zu feiern. Keine Autos, flaches Meer, unglaublich schöne Strände – mehr geht nicht. Wer sich die teuren Resorts nicht leisten kann oder will, wohnt einfach für 30 bis 70 Euro die Nacht in einem 3-Sterne-Bed-and-Breakfast auf einer der Local Islands.

Der größte Unterschied zwischen dem Reisen allein und dem mit Kind?

Man unternimmt viel weniger. Es ist schwer vorauszusehen, ob die Kleinen zwei Stunden Bootsfahrt zum »dolphin watching« aushalten, das kann gut gehen oder ein kleiner Albtraum werden. Lieber noch zwei bis drei Jahre warten, bevor man so etwas macht, und an den Strand gehen: glückliche Gesichter inklusive. Auch wenn mein Leben abenteuerlich klingt, bin ich am Ende des Tages doch eine sehr »normale«, verantwortungsbewusste Mutter, die vorbildlich jeden Abend vor sieben Uhr im Hotelzimmer ist und ihren Mini zu den gewohnten Zeiten ins (Reise-) Bett bringt. Ich bereite mich gut vor und gehe keine unnötigen Risiken ein. Und ich freue mich zu sehen, wie Einheimische offen auf Atlas zugehen und mit ihm spielen. Ein so schönes und selbstverständliches Miteinander gibt jeder Reise etwas ganz Besonderes, das ich so früher nicht kannte.

Teil 4

Zu Hause ist, wo Mama ist

Herzensangelegenheit, Sicherheit, Gerüche, Geräusche, Gute-Nacht-Geschichten oder die Erinnerungen daran: Zu Hause ist weniger ein Ort als ein Gefühl.

Häuschen im Grünen

CAMILLA RANDO (31) mit **DANILO DÜRLER** (38) und **HELENE** (2)
Ein-Zimmer-Küche-Bad-Datsche | 25 Quadratmeter | BERLIN MARIENDORF

Camilla Rando ist in Kreuzberg aufgewachsen, gehört zu Berlin wie der Fernsehturm oder die Loveparade und wird in bestimmten Kreisen mindestens genauso gefeiert wie diese. Viele ihrer Freunde lobt sie als »Tausendsassa«, dabei ist sie selbst fast mehr als das. Sie bloggt, vernetzt, verbindet, layoutet und setzt jeden Tag mal so eben neue Ideen um, die das Arbeitspensum jedes anderen für Monate bis an den Rand strapazieren würden. Weil auch Camilla nicht zaubern kann, obwohl man geneigt ist, das von ihr zu denken, hat sie sich ein Netzwerk an Mamas aufgebaut, mit denen sie auf »mummy-mag.de« und im dazugehörigen Print-Magazin bei der Ideenentwicklung und Umsetzung zusammenarbeitet. »Bunter Hund« trifft als Bezeichnung für Camilla ganz gut zu, denn sie liebt Farben, hat ein Faible für Design und Kunst. Ihr Zuhause war ihr schon immer wichtig. Wen wundert es da, dass ihr Freund Danilo Interiordesigner ist. »Als ich schwanger wurde, hatten wir eine wunderschöne Altbauwohnung in Mitte. Zwei Zimmer, unglaublich hohe Decken, riesige Küche. Aber uns war schnell klar, dass wir nicht einfach ein Kinderbett in unser Schlafzimmer stellen wollen.« Aus diesem Bedürfnis an Platz sind nun Drei-Zimmer-Küche-Bad in Moabit, ein Mummy-Mag-Office um die Ecke sowie ein Häuschen im Grünen geworden. »Die Datsche war uns ein echtes Anliegen«, sagt Camilla. »Wir lieben die Natur, und zum Durchatmen eignet sich Zeit im Freien einfach am besten.« Ihr Stil folgt keiner Richtung, sondern einer ganz eigenen Handschrift. »Als Helene kam, haben wir nicht wirklich viel verändert. Nur ein paar leicht zerbrechliche Dinge weiter nach oben gestellt.«

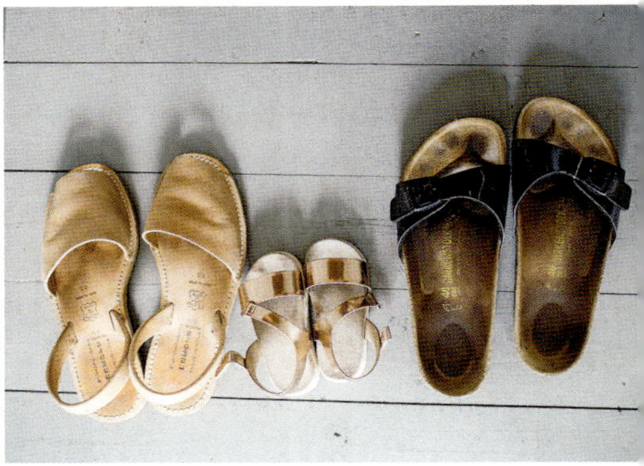

WOHNEN

»Bei der Innengestaltung der Datsche hatte ich ein skandinavisches Ferienhaus im Kopf. Wir wollten etwas Frisches, Helles und Fröhliches schaffen.«

KOCHEN

»Die ›Metro‹-Fliesen in der Küche habe ich selbst verlegt – mithilfe eines DIY-Videos auf Youtube.«

KINDER

»Wir lieben es, uns immer wieder etwas Neues für Helene auszudenken. Unser Pinterest-Board ist überfüllt mit tollen DIY-Ideen. Ob sie das braucht? Wohl nicht, aber es macht uns so unglaublich viel Spaß.«

STAURAUM

»Bei uns werden häufig Sachen einfach umfunktioniert. So wird aus einem Fahrradkorb schnell mal eine Bücherkiste.«

»Helene ist ein großer Fan von Danilos und meiner Koje. Oben im Dachausbau schlafen wir tatsächlich zu dritt.«

Wenn die Familie wächst

ISABEL ROBLES SALGADO (33, schwanger) mit **RODDY** Ziebell (36) und **XAVER** (2) | Vier-Zimmer-Küche-Bad | 120 Quadratmeter
BERLIN KREUZBERG

Den About a Chair von Hay wünschte sich Isabel, als sie schon mit Xaver schwanger war. Ihre Mutter riet zum praktischen Buffetschrank! Den Lieblingsstuhl kaufte Isabel später selbst.

Kids und manchmal auch Väter in ihrem Zuhause porträtiert: vom umgebauten Bauwagen oder Häuschen auf einer Insel bis zum riesigen Loft mitten in Manhattan. Isabels eigene Wohnung ist bunt. Erbstücke, Flohmarktstücke, Fundstücke, die seit über drei Jahren wandern und sich stetig vermehren. Wie? Das kann man auf dem Blog von »littleyears.de« nachlesen. Das Schreiben hat Isabel nie gelernt, aber immer geliebt! Das merkt man ihren Texten auch an.

Die Frau mit dem exotischen Nachnamen ist in München aufgewachsen und hat als Kind am liebsten im Chiemsee geplantscht. Nach dem Studium – Politikwissenschaft und Kunstgeschichte – ging es nach Barcelona, Buenos Aires und Brüssel. In der nächsten Stadt mit B, nämlich Berlin, blieb sie, fand Xavers Daddy Roddy, einen Filmemacher, und einen Job in der Presseabteilung des Max-Planck-Instituts für demografische Forschung. »Mit den harten demografischen Fakten in Deutschland und dem Rest der Welt bin ich bestens vertraut. Ein neues Mutterbild ist etwas, was Deutschland sehr gut brauchen kann!«, sagt die 33-Jährige. So wuchs die Idee der Porträtserie über inspirierende Mütter. Auf »littleyears.de« werden regelmäßig Mütter,

WOHNEN

»Was wir uns als Erstes gekauft haben? Ein gemütliches Sofa (von Exil) in einem grauen Melange-Ton, der uns im Laden von einem Paar als kinderfreundlich empfohlen wurde – und das ist er auch.«

»Es gibt viel dekoratives Spielzeug und Accessoires, die schön, robust und kindlich sind, wie unsere Vögelchen ›Die Unzertrennlichen‹ von Kay Bojesen oder das Tipi von Babyssimo.«

KOCHEN

»Als wir einzogen, hatten wir beide leere Konten und mussten die Küche finanzieren! Viel Babyzeugs aus dem ersten Jahr haben wir glücklicherweise geerbt, wie eine Wippe von Babybjörn oder den Aufsatz für den Stokke Tripp Trapp.«

KINDER

»In Xavers Zimmer haben wir ein sattes Petrol von Little Greene als Wandfarbe gestrichen. Vorerst ist kein Umbau geplant. Das Baby wird zunächst bei uns schlafen, so wie Xaver, der war ein ganzes Jahr bei uns im Zimmer.«

STAURAUM

»Früher hat mich der ganze Interiorkram kaum interessiert. Vermutlich habe ich erst, seit wir eine Familie sind und unfassbar viel mehr Zeit zu Hause verbringen, überhaupt einen Einrichtungs-Geschmack!«

»Kindersachen können sehr bunt und kitschig sein – bei uns verschwinden die dann einfach in Boxen oder Körben.«

Effizient mit Liebe zum Detail

MARIE ZEISLER (29) mit **JUNIO** (2)
Zwei-Zimmer-Küche-Bad | 56 Quadratmeter | BERLIN MITTE

Marie hat bei Etsy gearbeitet und liebt es immer noch, durch das Angebot zu browsen. Dort hat sie auch das Poster mit den Walen entdeckt. Es war die erste Anschaffung für die Dekoration von Junios Kinderzimmer.

Marie betreibt gemeinsam mit Isabel Robles Salgado den Blog »littleyears.de«. Aufgewachsen in der Märkischen Schweiz, man könnte sagen dem östlichen Vorgarten Berlins, führte sie ein Bachelor-Studium in Europäischer Ethnologie in die Hauptstadt. Da sich die menschliche Alltagskultur unter besonderen Umständen jedoch noch tiefgehender studieren lässt als an der Universität, ging Marie mit 23 Jahren während der Fashion Week nach New York. Drei Monate später kam sie um Erfahrungen und eine Festanstellung bei »etsy.com« reicher zurück nach Berlin. Fortan bewarb die Minimalistin selbstgemachte Produkte von Menschen aus der ganzen Welt. Maries Wohnung ist schnörkellos eingerichtet – mit besonderem Augenmerk auf außergewöhnliche Gegenstände. Die müssen nicht immer selbstgemacht sein. Weil weniger mehr ist, kommen Marie und ihr Sohn auf den 56 Quadratmetern gut zu zweit zurecht. Mit Isabel verbindet sie die Neugier auf andere Menschen, die Begeisterung fürs Schreiben und für Schwangerschafts-Yoga. Denn dort haben sich die beiden 2012 kennengelernt und brüten seitdem zusammen immer neue Konzepte aus. »Der Begriff Mama war für mich anfänglich ein Mysterium. Dass man mich jetzt so nennt, finde ich aufregend und wunderschön zugleich!«, schwärmt die 29-Jährige, die am liebsten beim Kochen entspannt. Oft sitzt Junio mit seinen Stiften am Küchentisch dabei. »Er kann richtig lange einfach nur da sitzen und malen.«

WOHNEN

»Bei uns ist das Wohnzimmer überall – in Junios Zimmer, der Küche und meinem Schlafzimmer. Zu dritt wäre es definitiv zu klein.«

»Mit diesem Fahrrad bin ich früher wirklich geradelt. Es ist alt und nicht kindersicher, aber ich konnte mich nicht von ihm trennen. Deshalb hängt es jetzt als Deko an der Wand.«

KOCHEN

»Für mich ist es pure Entspannung, in Ruhe etwas Schönes zuzubereiten – wenn das Kind es zulässt. Damit Junio beim Kochen mitmachen kann, ist die nächste Anschaffung ein Tritthocker. Der wird dann wahrscheinlich unentbehrlich.«

KINDER

»Mein Einrichtungstipp: eine Kuschelecke im Kinderzimmer! Die ist vor allem für die Mama wichtig (Junio legt sich sowieso lieber auf den nackten Fußboden)! Nach anstrengenden Tagen liege ich da, spiele mit Junio oder schaue mir mit ihm Bücher an.«

STAURAUM

»In meiner Wohnung gibt es aus Studentenzeiten noch viel Ikea, aber eben auch ein paar Design-Klassiker.«

»Das ausgestopfte Küken habe ich aus einem Antikladen. Früher fand ich das cool, jetzt bin ich weicher geworden und denke manchmal: ›Huch, das arme Küken!‹ Aber es erinnert mich daran, wie wichtig es mit Kind ist, dass man ein ›Nest‹ hat, in dem man sich wohlfühlt.«

Nordisch by Nature

VERENA SCHULEMANN (41) und **BRUNO** (6)
Drei-Zimmer-Küche-Bad | 120 Quadratmeter | BERLIN MITTE

Nach Brunos Geburt hat sich Verena gleich ein riesiges Bett gekauft: zwei mal zwei Meter groß. Gefunden hat sie das schöne Art-déco-Stück bei einem Kreuzberger Trödler und es dann neu lackieren lassen.

Verena ist im Taunus geboren, hat als Kind Kölner, Hamburger und Timmendorfer Luft geschnuppert, wohnt seit 17 Jahren in Berlin, fühlt sich jedoch in noch nördlicheren Gefilden zu Hause. Ihre Vorfahren stammen vorwiegend aus Norddeutschland, Schweden und Ostpreußen. Ihr ehemaliger Arbeitgeber, der Axel Springer Verlag, hat ebenfalls Hamburger Wurzeln. Sohn Bruno ist in Berlin geboren, Verena wohnte zu dieser Zeit mit einer Freundin in einer WG. Ihr war schon in der Schwangerschaft bewusst, dass der Vater ihres Kindes andere Wege gehen würde.

Heute lebt zeitweise ein Freund von Verena mit in der von Vintagemöbeln und -accessoires geprägten Altbauwohnung, in der nordisches Weiß auf ganz viel Gemütlichkeit trifft. Der Freund passt auf Bruno auf, wenn die Autorin abends aus dem Haus gehen möchte oder muss. Ihre Suche nach Neuem, nach Freiheit und Gerechtigkeit treibt sie an. »Ich denke nicht, dass Mütter und Väter gleich sind. Sie haben jeweils ganz andere Aufgaben in der Natur zugewiesen bekommen. Es geht darum, die Unterschiede zu sehen und zu schätzen«, sagt die vom Recht auf Meinungsvielfalt überzeugte Journalistin. »Weil es mich schockiert hat, dass die Rechte der Mütter in den letzten Jahren so beschnitten wurden, schreibe ich auf ›mamaberlin.org‹ über diese Umstände und versuche Impulse zu setzen.«

WOHNEN

»Ich habe in jedem Zimmer eine Ecke für Bruno eingerichtet. Wenn ich in der Küche bin, hat er seine Ecke, wenn ich an meinem Schreibtisch sitze, kann er neben mir sein und malen.«

KOCHEN

»Gemütlichkeit ist mir wichtig und dass man in jedem Zimmer eine Schlafgelegenheit hat. Ich denke über ein Sofa in der Küche ernsthaft nach …«

KINDER

»Die größte Fehlinvestition? Ein antikes Kinderbett. Wunderschön, sehr wertvoll, aber Bruno hat kaum darin geschlafen. Er war lieber in meinem Bett oder in seinem größeren Bett. Trotzdem kann ich mich von dem guten Stück nicht trennen. Jetzt schlafen die Teddys drin ...«

STAURAUM

»Bei Möbeln macht mir das Stöbern Spaß: auf Flohmärkten, bei Trödlern oder auf Reisen. In meiner Wohnung stehen auch ein paar ›Erbstücke‹, die mich an wertvolle Zeiten in meiner Kindheit und Jugend erinnern.«

Der liebste Rückzugsort

TANJA DEMMERATH (37) mit **MAGNUS PIEPER** (36), **MADELIEF** (5) und **TJORVEN** (3) | Sechs-Zimmer-Küche-zwei-Bäder sowie Wintergarten mit Terrasse | 190 Quadratmeter | BERLIN DAHLEM

Tanjas Lieblingsmoment: das Kochen am Abend und Wochenende. Die Kinder halten sich im Wintergarten auf, der an die Küche anschließt. So können sie gemeinsam Musik hören, sich etwas über den Tag erzählen.

Tanja Demmerath ist eine wahre Wohn-Virtuosin. Sie ist in ihrem Leben schon x-mal umgezogen, zuletzt drei Wochen vor unserem Shootingtermin innerhalb Berlins und hat dabei fast alle Möbel aus der alten Wohnung – einem riesigen Altbautraum – verkauft. »Ich habe mir diese Möbel einfach nicht in unserer neuen Umgebung vorstellen können und wollte einen Neuanfang wagen«, sagt die gebürtige Triererin, die 2002 eine PR-Agentur für Wohndesignmarken und 2008 den Interior-Store »ConceptRoom.de« mit zugehörigem Onlineshop auf die Beine stellte. »Durch meine PR-Agentur kennen wir die Produkte von morgen, denn wir schreiben über diese und vermarkten sie, bevor der Endkonsument überhaupt Wind davon bekommt.« Ein cleverer Schachzug, einen Onlineshop aufzubauen, der jedem ermöglicht, die Neuentdeckungen, vor allem skandinavische Marken, zu erwerben.

Privat bezieht Tanja ihre Kinder in viele Entscheidungen mit ein. Tapeten und Wandfarben in ihren Zimmern haben Madelief und Tjorven ausgesucht. Auf Hochglanz lackierte Möbel braucht kein Kind, mitwachsen sollen sie. Ihre Teppiche sind von HEM, bequem und nicht allzu teuer. »Da kann auch mal was schiefgehen, ohne dass das Konto in die roten Zahlen kommt«, sagt Tanja, der Raum zum Spielen und Fürsichsein wichtig ist. Sie selbst hat als Kind in einem großen Haus mit riesigem Garten gewohnt. »Ich habe es sehr genossen, Rückzugsorte zu haben, an denen ich ungestört lesen, telefonieren oder Briefe schreiben konnte.« Ihr Vater war Kunstschmied. Er zeichnete oft geometrische, verschnörkelte Figuren oder geradlinige, strenge Formen. »Er brach auch mit Konventionen, probierte Neues, verbesserte Altbewährtes. Seine Symmetrien zeigen sich oft in unserer Einrichtung, aber es muss immer etwas dabei sein, das ›Erwartetes‹ bricht.«

WOHNEN

»Das im Verhältnis teuerste Möbelstück ist unsere Leuchte über dem Ligne-Roset-Esstisch: Sie ist von Verner Panton, das Modell Panto aus dem Jahr 1977 (und als eines der wenigen Dinge aus der alten Wohnung mitgezogen). Das Sofa ist neu und von Bolia.«

KOCHEN

»Jeder Raum hat sein eigenes Farbkonzept: Farbe bewusst an der ein oder anderen Stelle einsetzen, wie im echten Leben, das ist wichtig und hält das Auge und auch den Kopf wach.«

KINDER

»Die Kids haben sich jeweils ein Thema in ihren Zimmern ausgesucht, das wir dann konsequent umsetzten: Madelief wohnt ›Miami Peach‹ mit Blumentapete. Tjorven wohnt im Thema ›BoyScout‹ – unser Naturbursche – mit einer Korktapete, die zum Pinnen einlädt.«

RÜCKZUGSRAUM

»Mein Herzstück, auf das ich sehr stolz bin: das frisch bezogene Vintage-Daybed von Walter Knoll im Wintergarten. Ich frage in Shops nach, die schöne Ausstellungsstücke im Schaufenster oder in ihrem Store zur Deko haben, und kaufe sie, nachdem sie ausgemustert wurden.«

Teil 5

Mama Inspirationen

Der Tellerrand von Müttern ist bunt und meist voller Brotrinde oder Gemüsereste. Ein Blick darüber hinaus kann inspirieren, trösten und ja, sogar erheitern.

Annibazaar

www.annibazaar.com

Bevor sie selbst Mutter wurde, hat sich Lena Trier nie besonders für Kid's Fashion interessiert. 2011 kam Frida Anni und änderte alles. Oder zumindest die Ansicht, dass es hierzulande kaum schöne Stores gab – weder online noch stationär. Und so war fast zeitgleich zum Kind die Idee zu »annibazaar.com« geboren. Mit ihrer Erfahrung als Brand-Managerin und Marketingleiterin in Modeunternehmen verfügte Lena bereits über ein gutes Netzwerk. Seit Mai 2015 gibt es nun auch einen ersten Offline-Store in München-Schwabings Türkenstraße. Hier bietet moderne, puristische Einrichtung im denkmalgeschützten Altbau internationalen Marken wie Mini Rodini, Popupshop, FUB, Imps & Elfs, Wayda Toulouse ein temporäres Zuhause.

Lenas Mama-Item: ein Wayda-Tuch aus 100% Organic Cotton – am liebsten in Petrol. Das wärmt den Hals im Winter und kann bei Bedarf auch als Spucktuch verwendet werden.

Tiny Store

www.tinystore.de

Anne Postrach hat eine journalistische Seele. Als ihr das tägliche Schreiben und Treiben für »stylebook.de«, Luna Magazin oder Die Zeit allerdings zu bunt wurde, beschloss die »Lieblingstante«, aus ihrer Leidenschaft für die kleinen Dinge im Leben etwas zu machen und sich einen lang gehegten Traum zu erfüllen. Im Dezember 2013 eröffnete TINY in der Berliner Schröderstraße, 2014 ging sie mit dem Store ins Netz. Im Netz und auf Messen recherchiert sie nämlich noch immer gerne: nach neuen Trends und den schönsten Kindermoden- und Interiorlabels.

Annes Mama-Item: Auch wenn Anne selbst noch keine Mama ist, Maxikleider zählen zu ihren Favoriten im Schrank. Maximal komfortabel, ohne Schnickschnack und am liebsten in Blau.

Der kleine Salon

www.derkleinesalon.at

Den ersten europäischen Onlinestore für fair und nachhaltig produzierte Kindermode zu gründen, war das erklärte Ziel der Mamas Carolin Rukschcio und Verena Wibmer-Oppolzer, und 2009 war es so weit. 2010 folgte der Concept Store in der Linken Wienzeile 40. »Der kleine Salon« ist wirklich klein und befindet sich im architektonisch bemerkenswerten Majolikahaus von Otto Wagner nahe dem beliebten Naschmarkt. Das Interior ist bewusst minimalistisch gestaltet, passend zum vorwiegend skandinavischen Kindermodensortiment, ein Novum im pracht- und schmuckvollen Wien. Mittlerweile führt »Der kleine Salon« mehr als 100 Labels aus aller Welt und ist online wie offline Hauptanlaufpunkt für designaffine und ökologisch sensibilisierte Eltern.

Carolins Mama-Item: die Weekend-Bag von April Showers by Polder. Sie begleitet die Shopbesitzerin auf Messen und ist auch bei ihren Wochenendtrips mit von der Partie.

Verenas Mama-Item: ihre heiß geliebten Minnetonka-Tramper-Boots. So bequem, dass man sie nicht mehr ausziehen mag, auch wenn man das als Vorbild eigentlich sollte.

Weitere inspirierende Shops:

Mode

- winzigundklein.de
- stadtlandkind.ch
- tres-click.com/shop
- de.minicatwalk.com
- walkingthecat.de
- melijoe.com
- kidsandcouture.com
- missesandmisters.com
- de.smallable.com
- shop.selfishmother.com
- storlille.com
- littlehipstar.com
- vertbaudet.de
- rimini-shop.de

Wohnen

- dekorativ-wohnen.de
- rokdouble.com
- minimarkt.com
- dreams4kids.de
- soukshop.com
- ammazing.de
- babyssimo.de
- komdo.com
- engel-werk.de

Accessoires

- selekkt.com
- gretasschwester.com
- unautrevoodoo.com
- humanempireshop.com
- kleineskarussell.de
- kleinefabriek.com

Nachhaltigkeit

- fairaporter.com
- biggreensmile.de
- lemlem.com
- lieblinge.com
- naturehome.com

Hauptstadtmutti

www.hauptstadtmutti.de

Nur weil sich plötzlich viel um Kinder, Haushalt und Familie dreht, gehen Stilbewusstsein und die Lust auf Mode nicht verloren. Auf den Straßen Berlins und in anderen Hauptstädten sind scharenweise Mütter unterwegs, deren Style viele inspiriert. Isa Grütering (zwei Söhne, 3 und 6 Jahre) und Claudia Kahnt (ein Sohn, 6 Jahre) stellen auf ihrem Blog die neue Müttergeneration in Einzelporträts vor und geben Tipps zu Fashion, Beauty, Schwangerschaft, Lifestyle, Vätern, Kindern und dem bunten Leben in Berlin.

Isas Mama-Item: eine geräumige Tasche von Project Cona.
Claudias Mama-Item: ihre heiß geliebten Sneaker und ihr Chanel-Parfum »Eau Vive«.

Salon Mama

www.salonmama.com

Isabel Sztriberny ist eigentlich Filmproducerin in Wien. Nach der Geburt von Tochter Alma hat sie gemeinsam mit ihrem Mann Lukas zusätzlich ein Unternehmen gegründet, in dem sie eine hochwertige Baby-Pflegeserie produzieren. Während und nach der Schwangerschaft recherchierte sie online auf Mama- und Baby-Blogs. So wuchs mit Alma auch der Wunsch, ein Blogazine mit mehreren Autorinnen und somit vielen spannenden Einflüssen entstehen zu lassen. Bei einem Gespräch mit den besten Freundinnen und ihrem Mann wurde Salon Mama geboren, und 24 Stunden danach ging der erste Artikel online. Ein Beitrag über »Die Top 5 Reiseziele mit Baby«, der bis heute durch viele inhaltlich und ästhetisch anspruchsvolle Magazinbeiträge ergänzt wird.

Isabels Mama-Item: Ohne ein Kuscheltuch ist es unmöglich oder sogar riskant, die Wohnung zu verlassen. Daher trägt Isabel auch immer ein Halstuch, das groß und vielseitig einsetzbar ist.

A Pinch of Style

www.apinchofstyle.com

Anna Baier ist 29 Jahre alt und wohnt mit ihrer kleinen Patchwork-Familie, Mann Peter und den Kids Kilian, Olivia und Tim in Linz. Kilian und seine Mutter Simone (hier im schwarz-weißen Kleid) wohnen nicht dauerhaft im geschmackvoll umgebauten Haus von Peters Großeltern, sind aber häufig zu Besuch. Anna arbeitet als Bloggerin, freie Journalistin und findet, dass ein gut sitzendes und hübsches Unterhöschen im Mama-Alltag vor allem in Bück-Situationen nicht zu unterschätzen sei. Und weil nicht nur Frau öfter mal was Neues braucht, hat ihr Blog »annipalanni.com« vor Kurzem als Blogazine »apinchofstyle.com« ein neues Outfit bekommen.

Annas Mama-Item: eine Boyfriend-Jeans. Und seit Kurzem die nicht ganz so gerade und etwas höher geschnittene Girlfriend-Jeans.

Weitere Inspirationsquellen:

Deutsche Blogs

* stadtlandmama.de
* pink-e-pank.de
* butterflyfish.de
* amummyslife.de
* metropolitan-circus.de
* andrea-harmonika.de
* alovelyjourney.de
* supermom-berlin.blogspot.de
* berlinfreckles.de
* elfenkindberlin.de
* travellittleone.com
* maternityconcierge.de
* les-attitudes.com
* fafine.de
* pinspiration.de
* the-shopazine.de

Internationale Blogs

* littlebirdsmama.com
* cupofjo.com
* heynataliejean.com
* babyccinokids.com/blog
* smallfryblog.com
* bleubirdblog.com
* thedoorinthewall.com
* littlekinjournal.com
* mamawatters.blogspot.com

Interior

* ohhhhhm.com
* decor8blog.com

Food

* hannahskueche.de
* kleinschmeckerin.com

Internationale Magazine

* frankie.com.au
* hellolunchlady.com.au
* lillenord.com
* mothermag.com
* babiekinsmag.com
* romyandthebunnies.com
* lapetitemag.com
* milkmagazine.net
* doolittle.fr
* veterproject.ru
* theglow.com
* kinfolk.com

Magazine Deutschland

* himbeer-magazin.de
* nido.de
* lunamag.de
* mom.brigitte.de
* barbara.de
* eltern.de
* emotion-slow.de
* couch-mag.de

Lena Terlutter

FOLGEN

instagram.com/lenaterlutter

3,158 Beiträge 198k Abonnenten 594 abonniert

Lena Terlutter (32), die mit Mann Leonard und Tochter Lou in Köln lebt, legt man in den Gehirnschubladen nicht unbedingt als Mutter, sondern als Geschäftsfrau ab. Sie befüllt neben ihren Boutiquen auch Social-Media-Kanäle wie Instagram und einen eigenen Blog, auf denen Berufliches und private Einblicke formvollendet zeigen, dass Chanel, Céline und Kind gut zusammengehen.

lilliesandleon

FOLGEN

instagram.com/lilliesandleon

2,351 Beiträge **42.7k** Abonnenten **849** abonniert

Nicole Gonzalez (31) lebt mit ihrem Verlobten und den Kindern Lucas León und Lillie Sol in New York City. Da sie mit den Kindern jeden Morgen sehr früh aufsteht, hat sie Zeit für ihren Job als Community-Managerin für das Babiekins Magazine. Auf ihrem eigenen Blog und Instagram-Account können wir fast täglich einen Eindruck von der »Latin-Liebe« bei ihr zu Hause erhaschen.

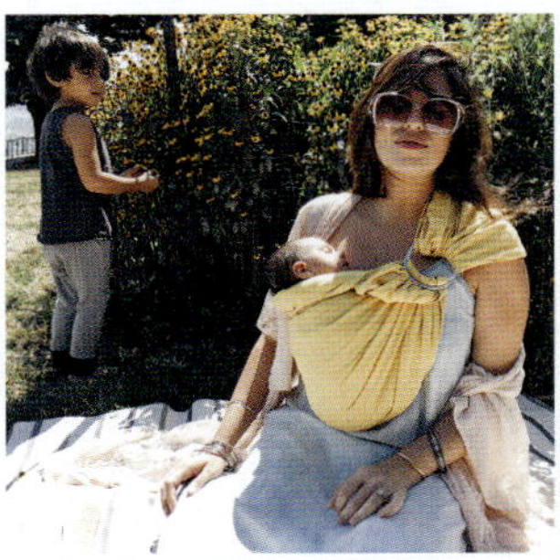

amandajanejones

FOLGEN

instagram.com/amandajanejones

2,132 Beiträge 130k Abonnenten 996 abonniert

Amanda Jane Jones (29) ist freiberufliche Grafikdesignerin, Founding Graphic Designer beim Kinfolk Magazine, Gründerin des define Magazine und arbeitet für diverse Blogs. Zu Hause mit Mann Cree und den Kids Jane und Miles in Chicago hält sie es nach dem Less-is-More-Prinzip. Je weniger Dekoration, desto weniger liegt rum … Genau diesen Minimalismus lebt sie auch auf ihrem Instagram-Profil.

hihadnet

FOLGEN

instagram.com/hihadnet

500 Beiträge **10,7k** Abonnenten **465** abonniert

Hadnet Tesfai (35) ist eine sport- und musikbegeisterte Moderatorin und im März 2015 Mama geworden. Die Berlinerin kennt Gott und die Welt, und durch ihren Instagram-Account kennen Gott und die Welt Hadnets Hochzeitskleid, ihre Liebe zu Sneakern und die kleinen Patschefüße von Tochter Elsa Lilou.

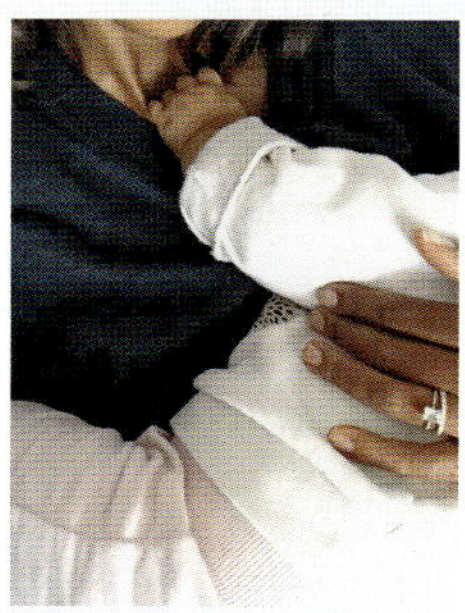

suesie

FOLGEN

instagram.com/suesie

680 Beiträge 524 Abonnenten 407 abonniert

Susann Mussehl (28) sieht nach Paris aus, lebt mit ihren drei Männern aber in Berlin-Friedrichshain. Kurz vor der Geburt von Sohn Nummer zwei hat sie das Kindermodelabel Srisu gegründet; kurz danach geheiratet. Auf ihrem Account hält sie Stille und Stillmomente, Augenringe und Freudenstrahlen fest: das echte Leben eben.

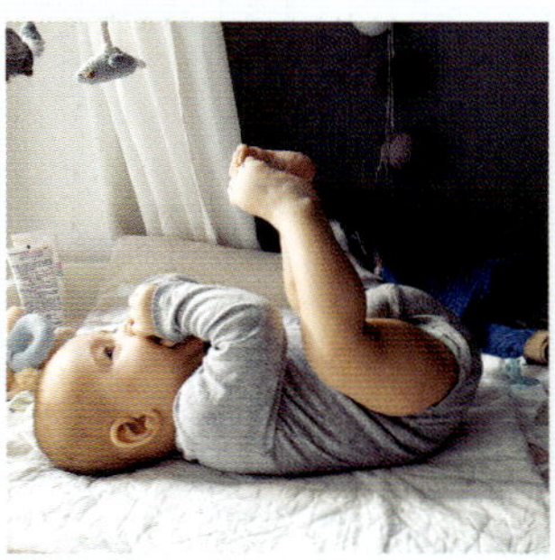

careauxphotography

FOLGEN

instagram.com/careauxphotography

3,020 Beiträge 2,771 Abonnenten 536 abonniert

Carolin Weinkopf (31) ist freie Fotografin und Mutter eines dreijährigen Sohnes. Noch bis kurz vor der Geburt reiste sie für Jobs und eigene Projekte durch die Welt, auch mit Baby ließ sie sich das nicht nehmen. Inzwischen reist sie wieder mehrmals im Jahr alleine – und muss sich dafür häufig rechtfertigen. Den Spagat zwischen Kamera und Wickeltisch dokumentiert sie auf ihrem Blog und auf Instagram.

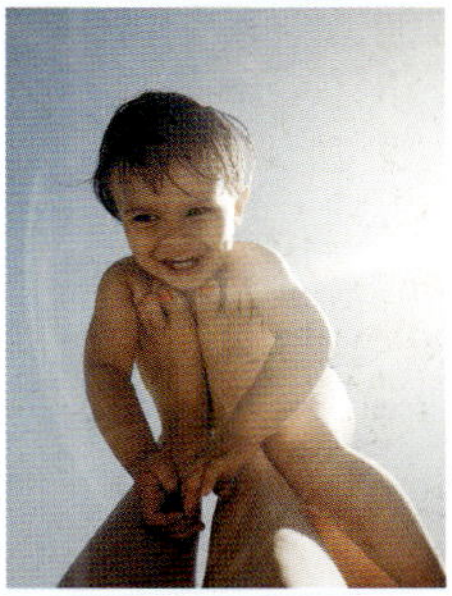

______felicia

FOLGEN

instagram.com/_____felicia

75 Beiträge 612 Abonnenten 103 abonniert

Felicia Kanbach (28) ist Fulltime-Mama und so glücklich damit, dass sie nach der Elternzeit mit Tochter Lou ihren Job als Ergotherapeutin hinten angestellt und noch ein Baby bekommen hat. Ihr Zuhause ist ein Eigenheim auf einem herrlichen Fleckchen Land zwischen Köln und Frankfurt. Ruhig, idyllisch, entspannt – genau diese Wirkung hat auch ihr Account auf den Betrachter.

Weitere inspirierende Instagram-Accounts:

- **@darimaximova** Die gebürtige Bulgarin Dari ist Model, Supermodel sogar, und hübsch, klar. Aber ihr Account erzählt die witzigsten und ehrlichsten Mama-Momente, die man auf Instagram findet.
- **@yasminsewell** Eine libanesische Schönheit, die von Australien nach London zog, dort ihren eigenen Shop eröffnete und heute nicht nur Zweifach-Mama, sondern auch Fashion Director der Plattform »Style.com« ist.
- **@kelli_murray** Die Illustratorin nennt Kalifornien ihr Zuhause und Entwerfen ihre wahre Berufung. Mit ihrem Kindermodenlabel Rylee and Cru, benannt nach ihren Kindern, kann sie alle Leidenschaften verbinden.
- **@graybenko** Die Fotografin (Porträts und Kindermode) und Mutter von zwei Rotschöpfen zeigt ihr Leben, oder zumindest das, was sie anderen gerne eröffnen möchte.
- **@yanpalmer** Die hübsche Fotografin und Single-Mum mit drei Kids zeigt in liebevollen Wohn- und Familienporträts, dass man sich Zeit nehmen sollte, die Menschen und die Welt um sich herum wahrzunehmen …
- **@me_and_orla** Melancholische und romantische Handy-Bilder von Sara aus England.
- **@sueprado** Eine süße Jungfamilie aus den USA mit einem Auge fürs Klassische.
- **@calivintage** Die Bloggerin Erin Perez Hagstrom lebt ein »Californian Vintage Life«. Schöne Looks, schöne Häuser, schöne Menschen.
- **@amerrymishap** Jennifer ist Interior-Stylistin. In zurückhaltenden Farbwelten zeigt sie ihre Liebe zum cleanen Design und den beiden Kindern Israel und Elin.
- **@chloeuberkid** Eine einzige Party im Kinderzimmer von Chloe und ihren Kids.
- **@oh_my_kids** Selten sieht man einen so schönen und persönlichen Instagram-Account zu einem Shop.
- **@nynneetliloujos** Nynne ist weder Journalistin, Fotografin oder Bloggerin, aber sie bietet liebevolle Einblicke in das Leben und Wohnen mit zwei Kids.
- **@hierwohntdasglueck** »Allein an die Elbe und zu fünft zurück zum Rhein«: Das sagt eigentlich alles. Simone hält ihre ganz eigene »Glückskollektion« aus dem Leben mit drei Kindern fest.
- **@quietblessings** Leben mit und in der Natur und zwischendurch Leckereien aus der Küche. Anas leiser, aber wahrer Segen!
- **@lauranina** Laura Nina Beel lebt mit Mann und Tochter Oona in einem Architektentraum in Belgien, wo sie gerade Platz für Kind Nummer zwei schaffen.
- **mama-2thelittleones** Esther fängt ihre bezaubernden Zwillinge und andere Schätze eines naturverbundenen Lebens am Fuß der bayrischen Alpen ein.

OUTTAKES

Glückseligkeit, eingefangen in einem Bild.

Ihre Majestät lässt putzen.

Wenn das Leben eine Etage tiefer spielt.

Von großen Fußstapfen und zu großen Socken.

Wissensdurst trifft Bärenhunger.

Wenn wir cruisen.

Outfit-Check.

Heute geschlossene Gesellschaft.

Blödsinn und Bierernst können so nah beieinander liegen.

Wenn Mama mal den Hut vom Mini-Menschlein aufziehen soll.

DIE AUTOREN

JANINE DUDENHÖFFER
(35, Autorin)
Janine wurde in der schönen Südpfalz geboren, die ihr mit 16 Jahren allerdings nicht der Nabel der Welt zu sein schien. Sie machte den Rollerführerschein und begann mit 18 Jahren ein Textilmanagement-Studium in Düsseldorf, es folgten Stationen in München, Offenburg und Wien, bis sie in Berlin ihren Meister fand. Heute ist die Moderedakteurin und Stylistin frei im Auftrag diverser Verlage tätig, außerdem fester Bestandteil des Blogs »mummy-mag.de« und Mitbegründerin/Chefredakteurin des Mummy Mag Paper, was sich dankenswerterweise mit dem Mama-Sein vereinen lässt. Kunstfasern ihrer Meinung nach dagegen weniger. Es war ihr schnurzpiepegal, dass die Teile pflegeleichter sind, Janine konnte sie als Mutter einfach nicht mehr (er)tragen! Hemdblusen und hoch geschnittene MOM-Jeans, das ist Janines Ding. Denn wenn sie sich gefühlte hundert Mal am Tag zu ihrem Sohn und seinen Hinterlassenschaften bücken muss, möchte sie sich – und ihren Hintern – möglichst bedeckt halten. Dafür schätzt sie es, wenn andere Leute etwas zu erzählen haben; wenn sie kantig oder sanft, chaotisch oder durchorganisiert sind, und Janine ist sich sicher, »dass sich das Wesen eines Menschen in seinen Outfits widerspiegelt«. So stapft sie am liebsten mit Philo über Berlins Straßen

und Spielplätze, um beim Anblick von Minimalisten, Mode-Jüngern und Alternativen immer wieder festzustellen, wie sehr sie die Stadt und die Vielfalt ihrer Bewohner mag.

JULES VILLBRANDT (29, Fotografin)
Jules heißt eigentlich Julia-Ruth und wuchs auf im grünen Brandenburg. Wie damals die Pilze im Wald, so findet die Fotografin mit den Spezialgebieten Streetstyle und Wohnporträts heute ihre Motive: Ihr Spürsinn leitet sie – und der führte sie als Ju-

gendliche auch schon oft nach Berlin. Hier folgte ein Studium der Gesellschafts- und Wirtschaftskommunikation an der Universität der Künste. Mit 22 Jahren wurde Jules während ihres Bachelorstudiums Mutter.

Nach dem Master startet sie ihr eigenes Blogazin »herzundblut.com«, in dem sie regelmäßig Schönheiten und Neuheiten vorstellt. Bei ihrem eigenen Stil kennt sie eigentlich nur eine Regel: Schwarz ist sehr wohl eine Farbe – und zwar ihre Lieblingsfarbe, Jules trägt Schwarz am liebsten von Kopf bis Fuß. Darüber hinaus schwört sie auf Jacken und Accessoires mit Taschen beispielsweise für Kameradeckel und den unverzichtbaren Lippenstift. »Du kannst noch so fertig sein, male dir einen roten Mund an, und alle denken, du bist fit«, schmunzelt die gut gebuchte Fotografin. Privat spielt ihr Sohn Justus die wichtigste Rolle, der seinen Rede- und Diskussionsbedarf gern an Mama abarbeitet. Ihm verdankt die Unternehmungsfreudige auch ihre wichtigste Mama-Erkenntnis – simpel und doch weitreichend: Zu Hause ist da, wo das Kind ist.

RAINER METZ (38, Illustrator)
Rainer ist gebürtiger Berliner und seiner Heimat bisher treu geblieben. Mit Freundin Ari und Tochter Luca lebt er in Kreuzberg und arbeitet als Stylist und Illustrator. Zum Zeichnen kam er wieder, als die Geburt der Tochter bevorstand. Das damals geplante Mobile existiert zwar noch immer nicht, dafür kamen aber recht bald Aufträge von »Vogue.de«, diversen Kosmetikmarken und nun auch für die Beiträge zum vorliegenden Buch.

Regelmäßig werden alle seine Arbeitsmaterialien von Luca auf Funktion und Tauglichkeit geprüft und bis an ihre Grenzen getestet. Das führt zu gelegentlichem Chaos, aber auch zu unerwartet schönen Ergebnissen.

Ein kleiner Plan für die Zukunft ist, die beiden beruflichen Disziplinen noch weiter miteinander zu verbinden. Ein stiller Traum ist, den Halbmarathon in unter 1:30h zu laufen.

Auch wenn das Elternwerden so einiges im Leben auf den Kopf stellt, hat sich Rainers Kleidungsstil nicht groß verändert. Was soll man an Jeans und Sneakern auch groß besser machen? Wetterfeste Kleidung ist allerdings immer eine gute Idee, und so hat eine Barbourjacke inzwischen einen festen Platz an der Garderobe.

Wir sagen Danke

Janine Dudenhöffer Herzlichen Dank an Alexa von Heyden für die Chance, an Madeleine Samios für deine Zeit und das dritte und vierte Auge, an all die tollen Frauen da draußen für die Inspiration und an meine Jungs, die fast immer geduldig waren, wenn meine Gedanken mal wieder von den 224 Seiten dieses Buches verschluckt wurden.

Jules Villbrandt Ich danke meiner Familie und meinen Freunden für die Geduld und ganz besonders meinem Sohn Justus, der mich in diesem Sommer mit einem Buch teilen musste. Danke für all die offenen Türen, liebe Mamas, und die vielen Kaffees, die ich bei euch trinken durfte.

Umschlagabbildung vorne: Shannay Hall und Iyla Wilde; hinten: Isabel Robles Salgado und eine Zeichnung von Rainer Metz. S. 203 © Heijm; S. 156 © Chiara Doveri; S. 136, 131 © Nadine Ottawa; S. 107,143 © Evelyn Dragan; S. 110,139 © Till Becker

Deutsche Originalausgabe

Ein Unternehmen der La Martinière Groupe

Gestaltung und Satz: Leonore Höfer, Knesebeck Verlag
Herstellung: VerlagsService Dietmar Schmitz GmbH, Heimstetten
Druck: Druckerei Theiss GmbH, Printed in Austria
ISBN 978-3-86873-885-8

www.knesebeck-verlag.de